愿爱是黑暗中的光，
照亮世间游戏的人。

△▲ 往 事 不 回 首 ， 余 生 不 将 就

往事不回首,
余生不将就

| 你好,素未谋面的陌生人。
| 我是乔儿,一个写"乔话"的普通人。

> 如果当初那些话没有开口，
> 你可能永远都不会明白，
> 我有多喜欢你。

你等着我,我等着你。
以后的人生,我们要在一起。

可以做朋友吗，这是故事的开始。
还可以做朋友吗，这是故事的结尾。

| 我不会等你太久，
攒够失望我就走。

牛肉干给你,抹茶冰淇淋也给你。
来日方长给你,朝朝夕夕也给你。
好吃的都给你,你归我。

> 你是我见一个爱一个中，
> 最喜欢的那个。

耳机分你一半,
手分你一半,
人生也分一半。

念旧的人总是很容易受伤,
喜欢拿余生来换一句别来无恙。

| 你明明那么孤独，
　却总说一个人很好。

| 那些活着离开你的人,
| 没有什么好留恋的。

祝你们幸福是假的,
祝你幸福,是真的。

只有让自己强大起来，
才不会再去畏惧失去任何人。

希望我们不是彼此的附属品,
而是彼此的必需品。
想有人带你骑马喝酒走四方,
但你总得要会骑马吧。

往事不回首，
余生不将就

乔话 ♪著
QIAO HUA ZHU

民主与建设出版社
·北京·

© 民主与建设出版社，2018

图书在版编目（CIP）数据

往事不回首，余生不将就 / 乔话著 .—北京：民主与建设出版社，2018.4
ISBN 978-7-5139-2085-8

Ⅰ.①往… Ⅱ.①乔… Ⅲ.①爱情－通俗读物 Ⅳ.①C913.1-49

中国版本图书馆CIP数据核字（2018）第062222号

往事不回首，余生不将就
WANGSHI BU HUISHOU, YUSHENG BU JIANGJIU

出版人	李声笑	印张	10
总策划	刘峰	字数	270千字
著者	乔话	书号	ISBN 978-7-5139-2085-8
责任编辑	程旭	定价	39.80元
封面设计	黄懿	电话	（010）59417747　59419778
出版发行	民主与建设出版社有限责任公司	社址	北京市海淀区西三环中路10号望海楼E座7层
版次	2018年6月第1版		
印次	2018年6月第1次印刷	邮编	100142
开本	880×1230mm　1/32	印刷	北京嘉业印刷厂

注：如有印、装质量问题，请与出版社联系。

愿你能拥有开挂的人生

每个人都有自己的故事,每个人也有属于自己的人生。谁没有爱过几个人渣,谁没有受过几次伤害,不过没关系,那些经历会让我们学会成长,那些伤痛会使我们更加强大。

别总埋怨现在所受的苦、吃的亏、忍的痛,到最后这些都会变成阳光,照亮你未来的路。如果你一直站在阴影里原地踏步,不肯向前走,就别埋怨太阳对你不公平。

生而为人,每个人都会在感情或者生活上遇到不顺心、不如意的事情。可是亲爱的,即使这样也不要到处宣扬自己的委屈,这世上不止你一个人有故事。你根本不知道今天陪你不醉不归的人,第二天是如何在别人面前把你的故事,当成下酒菜的。

所以,受再大的委屈也不要跟别人说,人们总是喜欢听到还有人连自己都不如。

其实大道理谁都懂,毒鸡汤也天天在喝,最后犯傻的,还是自己。

曾几何时，我也像猫一样，在感情的十字路口失了航。后来慢慢发现，这世界不是缺谁不可，我们原本就是一个人，总要学会长大，一个人抵过千军万马。只有单枪匹马闯过那些只能一个人过的关，才会有人来陪我们走余下要走的路。

和前任分手前，他对我说："爱一个人最好的方式是经营好自己，给对方一个优质的爱人，不是拼命对一个人好，那个人就会拼命爱你。世俗的感情难免会有现实的一面，你有价值，你的付出才会有人重视。"

爱情，本就是需要势均力敌的事情。

人生就是一场未知的冒险，没有人会事先知道结局。别把性格交给星座，别把努力交给鸡汤，别把好运交给锦鲤。

愿你今后能被这个世界温柔以待，但更希望你早日领教过这复杂的世界，然后开启爱谁谁的快意生活，拥有开挂的人生。

乔儿
2018.3.30

目录 con

01 『执子之手』
突然有了软肋，也突然有了盔甲 / 1

我满溢出来的喜欢，想给你看一眼 / 3
我一见你，就爱笑 / 7
喜欢你以后，我都不酷了 / 9
想让你吃醋，又怕你祝我幸福 / 12
以后的人生，我们要在一起 / 16
和喜欢的人，说晚安 / 20
喜欢是乍见之欢，爱是经久不厌 / 22
想把你占为己有，又怕你想要自由 / 28
世间五味俱全，只想要你给的甜 / 32
你是我拒绝别人，唯一的理由 / 35
我听过很多情歌，唱的都是你 / 37
好吃的都归你，你归我 / 40
晚饭有鱼有虾，你丑没事我瞎 / 43
毫无理由地偏袒，是最大的宠爱 / 47
和你恋爱，够我发一辈子朋友圈了 / 51
遇到你真好，想和你一起终老 / 54
我想八十岁醒来时，是你在我身旁 / 56
我喜欢你，是想和你度过余生的那种 / 59
爱对了人，情人节每天都过 / 62
不管未来什么样，我都想和你一起看看 / 64

02 『好久不见』
祝你幸福,是真的 / 67

新娘不是我,但是新郎我爱过 / 69
我想拿余生,等一句别来无恙 / 75
你是年少的欢喜,也是余生的可惜 / 78
你不该落我心上,又退我千丈 / 81
我不想,从你的全世界路过 / 84
你是我闭口不提的禁忌 / 88
你终究,不是我的了 / 91
我还是喜欢你,尽管不能在一起 / 95
说一生伴你左右的人,还在吗 / 100
你给过的快乐,都陪着我难过 / 104
你认识南墙吗,我撞了好多年了 / 108
我心疼得厉害,你带我去医院吧 / 110
我不想用离开教你如何去珍惜 / 114
很高兴你能来,也不遗憾你离开 / 119
怕我的孙悟空,变成别人的齐天大圣 / 122
三生有幸遇你,纵使悲凉也是情 / 126

往事不回首,余生不将就

03 『不问归期』一厢情愿，就得愿赌服输 / 131

你不过是仗着我爱你 / 133

我好像在哪儿见过你 / 135

等待，只是单方面的深情 / 138

你给我一点儿暧昧，我就想好了一生 / 141

突如其来的脾气，是积攒了很久的委屈 / 143

你明明那么孤独，却总说一个人很好 / 147

他从未说过我爱你，你却句句都是我愿意 / 151

得不到回应的热情，要懂得适可而止 / 154

脑子是个好东西，希望你也有一个 / 157

除非他爱你，否则你一文不值 / 160

别做痴情种，没有好下场 / 164

永远不要踮着脚尖爱一个人 / 168

别再为渣男掉眼泪，毕竟眼妆也挺贵 / 172

我再也不等你了 / 175

04 『白驹过隙』世界很大,余生不必再见 / 179

如果嫌我脾气大,去找个漏气的吧 / 181

如果嫌我爱花钱,去找个招财猫吧 / 184

如果嫌我黏人,和不粘锅谈恋爱去吧 / 187

我很忙,但对你一直有空 / 193

你未必忠诚,只是没机会放荡 / 197

我能把你宠上天,也能杀你不眨眼 / 199

我有洁癖,而你刚好是个垃圾 / 202

握不住的沙,不如扬了它 / 204

女人是猫,只想在爱里撒泼打滚 / 207

我喜欢不一样的东西,和专一的感情 / 209

人心不足蛇吞象,最怕渣男装深情 / 213

有些人错过了,真是谢天谢地 / 216

如若只是喜欢,何必夸张成爱 / 220

喜欢你是真的,不愿将就也是真的 / 222

不怕你不爱我,只怕你假装爱我 / 226

没资格吃的醋最酸,放不下的人最惨 / 230

往事不回首,余生不将就

05 『千帆过尽』一辈子很短，好好爱自己 / 235

狭路相逢勇者胜，温柔只给意中人 / 237

你是我疲惫生活中，最温柔的梦想 / 240

我的心里有间旺铺要出租 / 243

管不住嘴巴的女生，没有未来 / 247

吃够了感情的苦，只想做个血性带风的洒脱人 / 250

希望你一直有颜有钱，爱情算什么东西 / 253

不是我爱玩，是我收心过，却没好结果 / 257

总要允许有人错过你，才能赶上最好的相遇 / 261

只有努力变得优秀，才不会畏惧失去 / 264

要知道，好的总是压箱底 / 267

我们都可以变很好，只是时间不凑巧 / 269

世界这么大，总有人过着你梦寐以求的生活 / 272

你凭什么不努力，又什么都想要 / 274

比起心动的，我更想遇到心安的 / 279

你忙归忙，什么时候有空娶我 / 282

女人单身，是因为越来越不好骗 / 285

不想恋爱，他们都照顾不好我 / 290

你一定会遇到那个厮守一生的人 / 293

往事不回首，余生不将就

我是个路痴，
但我记得与你走过的每一条路。

『执子之手』

突然有了软肋，

也

突然有了盔甲

我满溢出来的喜欢，想给你看一眼

喜欢就表白，
like 拼出来就是立刻。

如果当初那些话没有开口，你可能永远都不会明白，我有多喜欢你。

艾克在毕业那天的酒会上，醉得一塌糊涂，抱着甜甜不撒手，口齿不清地一直重复说：“甜甜啊甜甜，你根本不知道我有多喜欢你。”

艾克和甜甜是特别好的朋友，他一直喜欢着甜甜，也几乎是众所周知的事情。其实甜甜也喜欢艾克，可他们两情相悦这件事，只有我们几个最好的朋友知道。

问起甜甜怎么打算时，她总是说：“再等等吧，谁知道他怎么想呢？”

其实甜甜清楚艾克对她的感情，可她还是没有自信去做那个捅破窗户纸的人。快毕业时艾克也始终没有表白，甜甜越来越不安，一脸失落地对我们说：

"我跟他肯定没机会了。毕业之后谁知道何去何从，以后还能不能见面都不一定了。"

偏偏艾克那天在毕业酒会上喝醉了，借着酒精的作用表了白，于是两人顺理成章在一起了。

艾克放弃了去北京工作的机会，跟甜甜留在当地，从零开始。现在他们已经在一起两年多了。艾克的事业逐渐有了起色，两人也正在筹备结婚的事情。

所以说，"喜欢就去表白呀，万一成备胎了呢。"

虽然话有点讽刺，但如果憋死不表白，连当备胎的机会都没有。喜欢就表白，like 拼出来就是立刻啊。虽然写了很多情话，但其实根本不敢和你说我爱你。

艾克约我们一起吃饭，感慨道：

"幸亏那天我喝多了，不然可能就真的要错过了。要是早点有勇气表白，就不用浪费大学四年的时间了。

"不过，现在也不算晚。"

这世上有六十多亿人，想找到一个喜欢的人太难了，可是错过太容易。也许就是不够勇敢，少说了一句"我喜欢你"。

这世界上每天都有千千万万人在错过，可不是每一个人都会像艾克一样幸运，因为一场宿醉而收获一份爱情。

多多是一个特别不会表达感情的人，心里想了一千句，到嘴边的只剩半句。所以，两人分手时，对方红着眼睛问她是不是从来没有爱过自己，多多心里有一万句"我爱你，你别走"，可到了最后，还是没有说出半句挽留的话。对方反复问了很多次，她始终都没开口。

分手后一直没更新过朋友圈的她，突然有一天发了条状态，只有一句话：

"我想你。"

后来和她聊天，她问我："你说，如果当时我再勇敢那么一点点，是不是就不会失去他，如果当时我跟他开口说我爱你，是不是就不会这么遗憾了？"

我没有回答她，也不知道该怎么回答她。如果爱一个人不让他知道，再多的情深似海都会变成悔不当初的遗憾。两人一起坠入爱河，只有一人知道这绝非巧合。

我有满溢出来的喜欢，想给你看一眼。

"你手这么漂亮，一定不想让它空着吧。"

"好巧，我的手也是。"

"那就让它们牵在一起吧。"

见了太多的分分合合，相爱却又不断错过。让你喜欢的人明白你的心意，是一件多么重要的事情。

以前总是听别人说，表白被拒，可能连朋友都做不成，而且是件特别丢脸的事情。可我宁愿丢脸，也不想因为没胆量开口，而错过那个有可能在一起的人。

很久以前看过一个故事：

女生暗恋男生特别久。她跟闺蜜说她决定在 5 月 20 日的那天表白，可磨磨蹭蹭了一天也没鼓起勇气给他打电话。等到快 12 点时手机响了，电话那头的男生打着哈欠懒洋洋地问："说好今天的表白呢？我等了你一天也没见你打电话。"

这个故事特别温暖。可如果那天男生没有主动给她打电话，他们是不是就会错过？

见过各种各样的暗恋，打着友谊的幌子去陪伴自己深爱的人，其中的关系，更多的是旁观者清。你称为朋友的那个人，也在别人提到你时羞红了脸说：

"他怎么可能喜欢我，我们只是朋友而已。"

其实都知道，你们之间就只差了那一句"我喜欢你"。藏不住对你的喜欢，那就理直气壮一点。真正深爱的人，怎么舍得做朋友。与其要绞尽脑汁地去解释我为什么要对你这么好，不如大大方方承认我爱你。如果连对喜欢的人承认自己感情的勇气都没有，那人生还有什么意思？

如果说表白不一定会被接受，不表白就一定没有开始。主动一点儿，也许就会有故事。害怕失去，就什么也得不到。总听人说，表白失败后，失去的不仅是一个恋人，还有一个朋友。

可我不缺朋友，只缺你。

我一见你,就爱笑

> 我是你专属的碳酸饮料,
> 一见你就开心得冒泡。

  罗晋和唐嫣公开恋情以后,经常上微博热搜。每每看到罗晋宠溺唐嫣的眼神,我都被虐得不行。喜欢一个人是根本藏不住的,就像日出日落、潮涨潮退,是那么自然的事情。哪怕你极力地想要掩饰,可你温柔的眼神早已出卖了自己。
  那些一看你就笑的人,不是傻子就是真的爱你。
  前几天约晴子一起吃饭,她告诉我,最近自己好像变了一个人。以前的晴子在别人眼里是"高冷"的,但自从恋爱后,每次只要对方一出现在她的视线里,她就会情不自禁地微笑。晴子说:"每次望着他的时候,他都会捏捏我的脸蛋,问我为什么笑得那么开心。这是我自己感觉不到的。"
  "你永远不知道那些一见你就会笑的人有多喜欢你。"

后来我才想起来,很久之前,你在楼梯口等我。等我下楼时,刚好看到你。我永远忘不了那种连我自己都控制不住笑的感觉。让我笑这件事,没有谁比你更有天分。

这世上真话本就不多,女人的脸红胜过一大段对白。

你可以嘴上假装不喜欢他,但见面时的脸红心跳,是不会骗人的。

晴子和男朋友在一起之前,朋友为了撮合他们,还策划过一场真心话大冒险。

"想验证一个人是不是喜欢你,就盯着他十五秒,看他会不会吻你。"

晴子玩真心话时输了游戏,却在大冒险里赢得了爱情。

喜欢一个人总是藏不住的,捂住了嘴巴,还是会从眼睛里跑出来。

《鬼怪》里有句台词:"和你在一起之后我就不看星星了,看你的眼睛就好了。"

我没读过多少书,写不出很动听的情话,讲不出什么大道理,说的话也没什么逻辑,看到喜欢的人就紧张,一紧张就爱笑。

"我一见你,就爱笑。"

喜欢你以后，我都不酷了

是你让我人生变得有意义。

自从喜欢你之后，我就再也酷不起来了。

"没有喜欢的人时，就算摔断腿，也懒得发出任何动态，泰然自若把腿重新接上。但有了喜欢的人后，哪怕是吃饭时轻轻咬下嘴唇，也要马上发条微博：'呜呜呜，嘴唇好痛。'然后欢欣雀跃地坐等喜欢的人过来关心问候。"

单身的时候就算身上掉块肉，都只是哼唧一下。

有喜欢的人以后，就算掉根头发都能撒一晚上的娇。

恋爱有种让人返老还童的魔力，从成熟稳重的大人变成想被宠爱的小孩子。

自从喜欢上你啊，我就再也酷不起来了。

喜欢上一个人，再酷的人也会没出息。

有段时间我很爱到处旅游，一个人拉着行李箱就开始说走就走的旅行。

旅行中在西塘的一间小酒吧，认识了流浪歌手阿诺，他喜欢四海为家。

有一天，他突然发微信问我："乔，你说喜欢上一个人是什么感觉？"

"我生来就是一个很酷的人，但遇到她之后什么都变了。她不喜欢我放荡不羁，我就剪去长发，她不喜欢我四处流浪，我就给她一个家。"

人啊，一旦喜欢上谁以后，就酷不起来了。一旦喜欢上了，就变得在乎了。放荡不羁的人，会有一颗想安定的心。百毒不侵的人，如今也突然有了不想被触碰的软肋。

喜欢一个人会变得不酷，而且还有点想哭。

我很想你，但是我不会找你，因为我很酷。

没想到你比我更酷，我不找你，你也不找我。

那我就把你删了。

去你的，老子最酷。

小艾是和我性格差不多的炫酷少女。前几天朋友圈的那个"一女子因长期用意念回别人微信，被好友删除"简直就是她的生活写照。

我经常说她高冷不容易找到对象，她却一脸冷漠说："我文能吟诗作对写段子，武能反手送你一个煤气罐，在家能煮八国料理洗碗做家务，职场能杀敌无数战无不胜，还要什么男朋友？"

可最近的小艾却整天像个怨妇。

"你说他怎么还不回我信息?"

"都到饭点了他怎么还不给我打电话?"

"他不怕我饿死吗?"

"他朋友圈为什么不回我评论?"

"他是不是不爱我?"

和小艾一样,在喜欢上别人之前,我们都是骄傲又嚣张跋扈的个体,从未惧怕过什么。可遇到喜欢的人之后,能自己换饮水机水桶的女汉子开始拧不开瓶盖了,打游戏开黑时骂人贼溜的糙汉子,也不敢在心仪的女生面前大声说话了。喜欢上一个人之后,就再也酷不起来了。

《这个杀手不太冷》的里昂,高冷神秘,拥有杀手的冷酷无情。也能对玛蒂达说出"是你让我人生变得有意义"这种温情的话。喜欢上一个人以后,杀手也酷不起来了。

遇到你之前,我也是个很酷的人。

一旦有了感情之后,就窝囊到不行。

怕分怕离,怕他喜欢别人。

"怕我的孙悟空,变成别人的齐天大圣。"

想让你吃醋，又怕你祝我幸福

吃醋是最明显的告白，
成全是最愚蠢的选择。

你也许和我一样，明明喜欢却又不敢主动示爱，只能通过一些"小手段"传达自己的心意：故意只回其他朋友的留言，而忽略他的；故意发一些和异性的聊天记录到朋友圈；故意告诉大家你的择偶标准。

这样做只是想引起他的注意，忽略他的留言是想他主动来找你聊天，发聊天记录是为了让他吃醋，而择偶标准就是按照他量身定做的。

可男生往往都是一根筋，不会想那么深。他不明白你那些"小手段"想传递的信息，他只知道你可能心有所属了，而那个人不是他。

勇敢的人看到会向你刨根问底，大多数人只会默默点个赞，最后成为彼此的过客。

他云淡风轻地祝你幸福，而你却只能笑着说声谢谢。

想让你吃醋，又怕你祝我幸福。

信任不是检验爱情的标准，吃醋才是。

果果和男朋友在一起一年多，早就过了热恋期，每天平淡如水地生活着。

以前只要一有空两人就相谈甚欢，现在只剩下"今晚吃什么""什么时候到家"。有一天果果实在忍不住，故意跑去酒吧，回家时还让公司的男同事送到家门口。男朋友开门看到醉得一塌糊涂的果果，并没有说什么，只是第二天早上问了一句："昨天送你回来的是什么人？"果果故意装出一副心虚的样子说："就是公司聚会，他看到我喝多了就把我送回来了，就只是普通同事而已。"

"嗯，我相信你。"

虽然很感动，但她还是很难过。不甘心的果果连续一个礼拜都让那个男同事送自己回家，还时不时在朋友圈晒别人送的花和礼物。

后来果果收到了男朋友发来的信息：

"如果你有了更好的选择，我会放手给你想要的碧海蓝天。"

果果拼了命地往家里跑，一到家就看到正在收拾行李的男朋友。果果一把抱住他又哭又骂："你这个呆子，我以为我们在一起时间久了，你不爱我、不在乎我了，所以就故意让男同事送我回来。结果你一点反应都没有，我还能怎么办？"

男朋友一脸委屈地说："两个人在一起最重要的就是相互信任。你说普通同事我肯定不会多想，但后来看到你们接触越来越频繁，我就觉得你应该不需要我了。"

果果又哭又笑地骂自己男朋友是个傻子、呆子、二愣子。

感情就是这样，少了不甘，多了又嫌太烦。真正的离开，关门时是没有声音的。但凡是无理取闹、没事找事、冷战、吵闹，潜台词都是"留下我"。

吃醋是最明显的告白，成全是最愚蠢的选择。

你是半世未拆的礼物，别人多看一眼我都会吃醋。

男人最性感的是你对他拳打脚踢，他静静地看着你再把你搂进怀里，最可爱的是乱吃醋无理取闹。

前几天陪我好哥儿们聊天，他说喜欢上了群里的一个女生。虽然加了好友，但也没怎么敢主动撩她，只能随时盯着群里，她什么时候出来讲话，他就附和几句。刚开始的时候两个人还经常有一搭没一搭地说着，但后来看到她和别的男生也有说有笑、聊得不亦乐乎，他就开始抓心挠肝地像热锅上的蚂蚁，便跑来问我怎么办。我让他把我拉到那个群里，然后和他一句一个"宝贝"地叫着。

群里的人就调侃我哥儿们说："你俩够了，秀恩爱回家秀去。这狗粮我们不吃！"

后来群里的人都一致队形地"同意楼上"，其中也有那个女生。

第二天那个女生就把我哥儿们给删了。他一脸委屈地说都怪我的馊主意，还想砍死我。

我去加了那个女生，告诉了她事实的真相，没想到她也喜欢我哥儿们。

"我故意和别的男生说话，就是想看他有没有反应。我知道他喜欢我，但他不主动，我总不能先说吧？万一只是我想多了呢，后来看到别人说你是他女朋友的时候，我就以为自己真的想多了。"

我凭着一张厚似城墙的脸皮去当了说客，不然因为我的馊主意让他连告白的机会都没有，他可能真的会拎着刀来我家砍死我，而且还是大卸八块的那种。

我也经常有事没事就和 Sunshine 先生说："哎呀，这个小哥哥声音好好听，想嫁。""这个肌肉男好帅好有型，舔屏。"还在朋友圈共同好友下面评论："这位小哥哥，我看你骨骼惊奇，唯一的不足就是命中缺我啊。"无非就是想看他吃醋的样子，特别是他把头扭到一边，嘴唇抬高假装出一副不在意的模样，每每想起都觉得他幼稚得可爱。

其实我们每个人对喜欢的人的占有欲都是极其强烈的。我们都不希望自己的东西和其他异性有任何交集，好朋友碰一下都不行，更何况是陌生异性。但我们也会经常因为没自信，所以想尽办法证明自己在对方心里的分量。

故意和异性走得很近，只是想知道我在你心里究竟有多重要。

每个女生都有颗少女心，尤其是在看肥皂剧的时候，男主保护女生的样子帅炸了，吻女生的样子太性感了，还有他乱吃醋的样子，最有爱了。

"想让你吃醋，又怕你祝我幸福。"

以后的人生，我们要在一起

我想和你在一起，
不是抱着手机说想你。

挺多人问我异地或者异国的问题，比如："乔儿，如果是你，你会选择异地或异国恋吗？"

"Excuse me？打车超过 20 元距离的感情我都不会考虑，我觉得你这是在逗我。"

其实不是不会，是再也不敢了。再也不敢去尝试两个人看得到，听得见，就是触摸不到。

吃饭的时候看到碗里有他喜欢吃的菜，想夹给他。而他，却不在身边。

就像宫崎骏说：

"你住的城市下雨了，很想问你有没有带伞。可是我忍住了。因为我怕你说你没带，而我又无能为力，就像我爱你却给不到你想要的陪伴。"

那些难过的时候想有他在身边的无助，那种看不到未来又舍不得放手的心酸，那些挂着恋爱的名义却形同单身狗的生活。

那些不确定是否能等到的未来，不想再重来一次。

南方有嘉木，北方有相思。嘉木风可催，相思不可断。所爱隔山海，山海不可平。

我们不得不面对相思的苦，我们有相爱却不能相见的无奈。一万两千公里的距离让我们都太痛苦。

我总是厚着脸皮打电话给他，我不怕先开口、不怕被他笑，我只怕以后没有他。

有人说两颗心的距离，才是真的和时间空间都无关。还好我们的两颗心一直在一起。

每次他任由我无理取闹的时候，我们很近；每次因为小事情吵架升级冷战的时候，我们很远；每次他跟我很认真地说"以后"的时候，我们很近。

时间过得很快，因为心里有他。时间过得很慢，因为我们都不能陪在彼此身边。

他总说我不在身边的时候真的很难哄，可他却不明白难哄和想不想哄是两码事。虽然我的开心难过不能第一时间和他分享，我肚子饿了他不能马上带我去吃好吃的，我需要他的时候他不能马上出现，就连想他了，也只能偷偷地去翻聊天记录，但是只要听到他的声音，想着他的世界里都是我的影子，就很知足。

他是爱面子爱讲大道理的大叔，我是还没长大的小可爱。

我知道他放不下他的面子，可我也放不下我的骄傲。

下次我逃跑的时候，能不能换你来抓住我？我不会走得太远，你一句情话我就出现。

我是一个缺乏安全感的人，需要用存在感证明自己的重要性，无理取闹是因为我依赖你。

我不会算时差，我只知道你有多久没来找我。

海是倒过来的天，你是我触不到的边。

她说如果没有手机，他连我说的"晚安"也会错过。

他说四年的火车票装了满满一盒，生活费一大半都贡献给了中国移动和铁路局，遇到好吃的都想着等下一次带你去吃，像在手机里养了一只猫，能给我所有的温暖和力量，我为你翻山越岭却无心看风景。

她说羡慕你身边的所有人可以看到我每天朝思暮想的你，可以和你 Say Hi。

他说每次她说今天出门好冷，我都不知道该怎么接下一句。

她说到点要开始检票了，他抱抱我亲亲我，说："去吧，我看着你进去。"我转身走了，可刚到检票口我就站不住了，眼泪不停地往外冒，我又跑回去抱着他。他一边给我擦眼泪一边安慰我，帮我整理好凌乱的头发，说："如果可以，我也希望以后不会再有离别。"

她说每次明明已经视线模糊看不清屏幕，哽咽到说不出一个字，他却以为我在生气。

他说如果想念有声音，恐怕你早已震耳欲聋。

她说身边所有的朋友早就听腻了他的名字，却从未看到过他的人。

他说开心和难过的时候都好想有她在身边，怕她哭，怕她闹，怕她委屈，怕她跑掉，怕她知道，怕她不知道。遇到明明一个拥抱就能解决的问题，她每次都要跟我闹分手。

她说惹他生气的时候发信息给他，他没及时回消息的每一秒我都很害怕失去他。

从前车马很慢，一封信要经过很多人的手才能到达要去的地方。

现在我们在同一个时区，却有一辈子的时差。

我们之间的距离，一删微信，便是永别。

我想，其实异地或异国不是两个城市相隔多少公里，而是两颗心的距离。

前任对我说过："你生气就告诉我，有什么不满就直接说，不要憋着。你总要让我知道我错在哪里了，我做的不对我会改，但是你要跟我沟通。"

不在身边的感情，最怕的就是一个很忙，一个又很闲。

所以，两个人要多沟通，相互理解、宽容、体谅，学会站在对方的角度考虑问题。

"我们都先不要着急。你先去看你的电影，我先去读我的书。有一天，我们会窝在同一张床上，看同一部电影，读同一本书。"

你等着我，我等着你。

以后的人生，我们要在一起。

"天各一方又如何？"

"我在这里，你在那里，我们远远地相恋就是了。"

和喜欢的人,说晚安

晚是世界的晚,
安是有你才安。

中午睡醒打开手机,我就看到了 Sunshine 先生的道歉。

"昨晚手机没电关机了,回到家还没等到开机就睡着了。"

我晾了他两个小时,没搭理他。我体谅他工作太累,随时倒头就睡,但我很介意他睡前连句"晚安"都没有对我说。有时候男生不知道女生为什么那么容易生气,甚至就因为睡前少说了一句话就"无理取闹"。

睡前的一句晚安,更像是一份牵挂。

有人说,比起晚安更想听到每天的早安,毕竟不是谁都能一睡醒就想起你。

可你的晚安只是晚安,但我的晚安是我爱你。

晚是世界的晚,安是有你才安。没有你的晚安,晚晚都不安。

熬夜等信息时，小诗私信我。她说最近好像恋爱了，可好像又失恋了。前段时间对方每天都会找她聊天，时不时地撩一下她，睡前讲电话讲到已经说了几百次晚安都舍不得挂断。

"可他最近不怎么找我了，连去睡觉都不告诉我了。每天等他信息等到很晚都舍不得睡觉，现在也是在等他回我信息。"

恋爱时，不知说了多少句晚安，也不舍得去睡觉。总觉得有说不完的情话，听不完的唠叨，说不完的晚安。

后来我熬夜成瘾，却换不来你一句晚安。

你的一句晚安，能换我一夜好眠。

什么最没用？跳楼前的助跑，割腕前的消毒，除你之外的人给我发的晚安。

去年，微信里有个我很喜欢的人，可我脸皮太薄不知道怎么主动开口和他讲话。我就每天群发晚安，然后在朋友圈发状态说："记得和喜欢的人说晚安。"

小时候，晚安的意思是："我马上要失去意识并且不再碰任何东西去睡觉了。"

对陌生人来说，晚安可能是："我要终止聊天了，我要去刷微博补番剧看小说刷朋友圈打王者荣耀，但绝对不再跟你说话了。"

可你的晚安对我来说，是冬天里温暖的手套，是炎热夏天买到最后一瓶冰可乐的满足感。

世界上最温暖的两个字，是从你口中说出的晚安。

喜欢是乍见之欢，爱是经久不厌

得不到不可怕，
守不住才是笑话。

没有人是故意变心的。

他曾经说过爱你，是真的爱你。但他说不爱你，也是真的不爱你。

我身边的很多朋友就像《后会无期》里马浩汉说的那样："不管我在哪拉屎，都有人给我送纸。"朋友很多，爱玩的也很多。王聪就是其中一个。在夜夜笙歌的深圳，每个人都是一只披着羊皮的狼。

他说："恋人分手之际，还能把话说得心平气和的，肯定是先变心的那个。"

在我的记忆里，他变成情场浪子之前还是那个女朋友一打电话就挂机、叫爸爸也没用的"猪队友"，还是那个只因女朋友不喜他身边太多"莺莺燕燕"，而删光微信里所有女生的"火星男"。是过往的伤疤让他变成了不折不扣的浪子，他开始主动出击，开始拒绝负责。

他说："我并非谁都约，喜欢才会主动。至少开始的喜欢是真的，但还没有到考虑未来的程度也是真的。"

并不是每个人渣的真面目都会被看穿，并不是每段感情的结局都会喜剧收场。

我们一生中会遇到很多不错的人，不是每个人都得用爱情收尾。他给你承诺过太多，要紧的事从未兑现过。

无论男女，我最讨厌沾花惹草的人了。今天对这个说我喜欢你，明天对那个说我爱你，真的恶心。反正我不一样，我谁都喜欢。

在如今这个社会，人们经常承诺："我会对你百分之百地好。"

就像路边摊卖的袜子，每一双都写着"百分之百纯棉"，来自十块钱三双的承诺。

昨晚我拿你的承诺去喂狗，第二天早上发现狗死了。

变心的，当初哪个没海誓山盟过；赖账的，谁没说过"下个月就还"。口头承诺我也会，没准说得比你还好听。

听过这么一个故事：

夕阳下，湖边一位白发苍苍的老奶奶推着轮椅，不时低头与轮椅上的老爷爷说着什么，场景好温馨。我走上前去问老奶奶："怎样保持这一辈子爱呢？"

老奶奶说："以前他有外遇，一度想抛弃我。"

"后来呢？"

"这不，我把他的腿打断了。"

我对先苦后甜的励志故事不感兴趣，我主张人生得意须尽欢。

别总是爱玩不回家，也别随便承诺给谁一个家。

激情会衰退，新鲜感会过期。我一点儿也不希望我喜欢的人喜欢我。因为那样，他身上的魅力就会变没。我也不希望我喜欢的人冷落我，那样我会变心。我只希望他会时不时给我甜头，让我有喜欢他的动力。

我想吃好吃到来不及拍照的食物，想拥有让我写不出情话的爱人。好像我们齐心协力偷了一缸蜜，两个人躲起来，偷偷摸摸地开心。

好歌是单曲循环也不厌，美食是反复品尝也不腻。

喜欢是乍见之欢，爱是细水长流的经久不厌，时间会检验一切。

唯愿你我初心不改，终身相随。

前几天我在星巴克喝下午茶，去洗手间的工夫，东西就被收走，位子也被占了。稿子只写了一半，电脑也快没电了，能充电的地方好像都有人。我就厚着脸皮问刚才那个位子上的小男生："不好意思，请问你这边有人坐吗？"

没想到那位小哥哥眼皮都没抬就跟我说："不好意思，我有女朋友了。"虽然我很生气，同时也有点欣赏这个小哥哥。难得从男人口中听到这句话，可老子也不是搭讪的啊。心里几百万头草泥马奔腾的同时，我忍住了那句："我只是想借个地方充电而已。有女朋友了不起啊，老子还有男朋友呢。"

懒癌晚期的我能出次门已经很不容易了，本来想待久一点的，后来气得我直接打车回家了。我们生活在一个速食的年代，分分钟都可以换个男朋友或者女朋友。即使在一起很久的情侣也很少有主动在朋友圈公开的，大家都想给自己留条退路。即便分手了也能很快找到接轨的，有句话怎么说来着："男人嘛，都是怀里抱一个，心里想一个，手机里撩着很多个。"

那种会为了自己的女人，拒绝一切暧昧的男人，简直就是稀有动物。会说"我有女朋友"的男人，加一千分。

变心是本能，忠诚是选择。

凯文是圈子出了名的高富帅，夜蒲之王，身边的妹子换得比衣服还要勤。一个月三十天，他二十九天都在酒吧里泡着。不管是他主动撩的还是送上门的，按照他的话讲，只要身材好，都来者不拒。

我曾经问过他，整天这么玩不累吗？他说他也很绝望，他也很想好好找个女朋友管着他，定定心。但身边那些女人不是明码标价，就是想找个长期饭票。

"想好好谈个恋爱，难呐。"

凯文在旅行时认识了一位女生，让他彻底改头换了面。朋友圈不分组公开恋情，背景封面是他们的合照，就连签名也改了："有女朋友，妻管严。"

以前他朋友圈除了酒吧就是组局，现在整个就是一炫妻狂魔。有次他发朋友圈说送女朋友去机场，我们在蹦迪的群里调侃他："凯少出来尬舞啊！今晚有妹很正哦！简直就是你的菜，反正你女朋友又不在。"没想到凯文却说:"我是有女朋友的人,就不陪你们浪了。"

他说:"这次不一样,其实刚和她在一起的时候也有在玩,但后来感觉遇到了要好好对待的人,所以即使她不在身边也要自律。"

选择断掉自己后路,自律地对待一份感情,会说"我有女朋友"的男人,是生命之光。

别总是爱玩不回家,也别随便承诺给谁一个家。

"跟我在一起,我可以带你去看全世界,把最好的都给你。"

"给我看看你手机。"

"不行!"

相反,和凯文这种稀有动物比起来,小林就是渣男中的战斗机。他和女朋友在一起一年多,出轨的次数是两只手都数不完的。他是那种不管有没有妹子搭讪他,只要在朋友圈看到正妹,看到有妹子给他点个赞,就立刻反撩的人。

他说话很幽默,很会哄女孩子开心。女朋友偷偷在他手机里看到过无数撩妹记录,每次他都说自己刚失恋需要安慰什么的,最后都安慰到酒店去了。女朋友也因此提出过分手,结果都被哄了回来。

昨天去南京和粉象姑娘聊了会儿,无意中说起 Sunshine 先生:"你男朋友那么帅,你们又是异地,你就这么放心他吗?就算他不撩别人,你就不怕有主动送上门的?"我告诉她,我从未要求过 Sunshine 先生把有女朋友的事昭告天下,他心里真的有我的话,他会为了我拒绝那些莺莺燕燕。真正的安全感,是在比我漂亮百倍千倍甚至万倍的女人说"有没有空一起下午茶、吃晚饭、去喝酒"的时候,毫不犹豫地告诉对方:"不好意思,我有女朋友了。"

爱情是自私的,但更应该是"我爱你,但你是自由的"。我可以不要求你做任何事情,但你心里必须要知道谁是旅馆谁是家。感情就应该一心一意,单身才能花天酒地。

在这个被各种社交 APP 占据,随便撩几句就能约的社会,人们面对各种各样的诱惑,都会有一颗躁动的心。在这个感情充满着套路的年代,能遇到一个愿意为你拒绝所有暧昧的人,简直就是三生有幸。

"会说我有女朋友的男人,要加一万分。"

想把你占为己有,又怕你想要自由

生来就是个大度的人,
却常常对你独吃自疴。

"留不长的头发,不如剪了吧。"

安妮和阿伦分手后,打电话让我陪她去理发店。一直短发控的她,因为男朋友说想看她长发及腰,就再也没舍得剪过头发。留了很久的头发,一直没见长,发梢满是分叉,发质差到不行。就像安妮和阿伦的感情,在岁月的风化下,满是伤痕,也不知是否会有开花结果的那天。

他们相爱相杀近一年后,终究还是选择了放开彼此。

感情就像一场拔河。你用尽全力将对方拉向你身边时,对方竭尽全身解数也不愿向你靠拢。比赛进行到白热化时,也只能笑着挥挥手说算了。

"你那么爱他,为什么不把他留下?"

"他要的是暧昧和自由,而不是我。"

与其双双心累,不如彼此放过。

在感情里靠得太近,就会被吞噬掉一部分自我,所以保持适当的距离,就是在拯救自己。

想把你占为己有,又怕你想要自由。生来就是个大度的人,却常常对你独吃自疴。

人都是自私的,也是贪婪的。欲望往往是在尝到甜头后,才会越来越得寸进尺、永无止境。就像刚开始,只是想知道对方的名字。

安妮和阿伦从朋友慢慢变成情侣,再从情侣慢慢变回最熟悉的陌生人。最初阿伦一定会在她最需要的时刻出现,就像春日里的微风徐徐拥她在身边。后知后觉的安妮听到阿伦说喜欢自己时,便一口答应和他在一起。

可以做朋友吗,这是故事的开始。

还可以做朋友吗,这是故事的结尾。

得不到永远在骚动,被偏爱的永远都有恃无恐。

阿伦平时自由惯了,突然降临的"幸福"让他措手不及。后来在他一次次想要逃避时,安妮对这段一次次石沉大海的感情,选择了放手。

"人都是自私的。总想得寸进尺,越要越多。以前我们各自有各自的生活,尽管我是问题少女,但也不至于像现在这样让你厌倦,与其到最后大家都累,不如到此为止吧。"

纵使不能与你到老,也仍然希望你好。

一向大度的我，在你面前变得自私、小气，想霸占你生命里每一分每一秒。从不落落大方的我，却想要放手给你碧海蓝天。想拥有你一辈子是真的，会潇洒放手也是真的。如果你想要的不是我，我一定会放你走，最后附上祝你幸福，拥有想要的生活。

从此你信你的神明，我守我的地狱。

我讨厌没有安全感，想要可以携手一生的爱。认识一个人实在太容易，选择也越来越多。每个人都在不停试吃，却没有人舍得花钱买一整个蛋糕。

喜欢是放肆，而爱是克制。

张爱玲说，喜欢花的人会去摘花，而爱花的人会去浇水。

我承认我的确很渴望拥有你，但如果你说想走，我还是会替你收拾好行李，目送你离开，顺便祝你一路顺风。

电影《从你的全世界路过》里追着车跑的猪头，其实早就已经准备好了和燕子的婚礼，可他还是愿意让燕子去看看外面的世界。

最后他隔着车窗对燕子说："你走吧，你一定要过得幸福。"

爱不是捆绑，不是占有，更不是束缚一个人的理由，是两个温柔独立的灵魂，彼此因为每一次大脑碰撞而产生的情愫。惺惺相惜，但不是自以为了解对方，又或者每天猜来猜去、患得患失。

我是个缺乏安全感的人，我胆子很小，性格敏感。热情归热情，若你有一丝不对劲，我立刻绕路就走。

我想和你在一起，是只想你和我在一起。

我想你爱我，是你只爱我一个。

微博上有段话说:

人都是自私的。
前女朋友有了新男朋友,会不开心;
朋友结交了新好友,会不开心;
家里的小狗黏上了其他人,会不开心;
常去的杂货店有了更熟络的客人,会不开心;
甚至是毫无关系的人,突然停止了跟你说晚安,也会不开心。

每个人都想自私地占有一切,后来却发现,其实什么都不属于自己。
"想把你占为己有,又怕你想要自由。"

世间五味俱全，只想要你给的甜

你对我笑的那天，
岁月也刚好来到。

Sunshine 先生给我发来一篇《你见过在地铁上哭的人吗》，然后我俩就聊起了人生。

有人说生活就是生下来就必须要好好活下去，我们在这二十多年的人生里，体验了无数的酸甜苦辣咸。

之前在曼谷的时候，他和我聊未来。他说这种看不到未来的生活过得举步维艰，我躺在他腿上说："每个人都没办法预知接下来的日子。我也看不到自己的未来啊，还不是每天要努力奋斗面对苦辣酸甜。"

Sunshine 先生把我的脸转向他，让我睁开眼睛说："现在看到了吗？"那一刻的我突然觉得不管自己在外面受了多少委屈，吃了多少苦瞬间都烟消云散了。

这社会很险恶，这生活很想去他的。

这世间五味俱全，我只想要一个人给的甜。

你对我笑的那天，岁月也刚好来到。

    Moki 是为数不多的不靠颜值、自食其力，一步一个脚印走到今天 Boss 位置的女强人。二十四岁的她吃了很多苦，才走到今天。

    每次说起她，除了敬佩我想不到任何其他可以形容的词，现在这个社会哪个女生不想嫁个可以让自己少奋斗几十年的高富帅，而 Moki 却靠自己的能力从北漂一族变成有自己公司、自己房子的创一代。她所经历的苦难和挫折大概只有我知道了，每次她快撑不下去的时候都跟我感慨："有时候真羡慕那些躺在床上就把钱赚了的女人。"在青春正好的年纪她选择了拼搏，独自面对世间的"猛虎野兽"。

    庆幸的是最近的她，遇到了那个让她可以不再独自一人抵抗风雨的后盾。月初时她的店开业，我去上海为她庆贺，看到她倚在对方怀里，满脸小女人的娇羞。

    "遇到他之前我从没想过停下自己往上爬的脚步，遇到他之后我感觉到从未有过的安全感，让我可以停下来享受这世间初恋般丝甜的味道。"

    曾几何时，我又何尝不是独自一个硬抗这社会所有未知的大苦小难。"能和你在一起，大概可以抵消在世上受的所有委屈了吧。"Moki 发完当天庆功宴照片后，单独发了一张和男朋友甜蜜的合照。

    最近我回味经典，看了些老电影和电视剧。《神话》里易小川对玉漱说："只要能看见你的笑，我就觉得这世界还没那么糟。"不管未来的路多么凶险，不管以后还要经历多少小磨大难，只要能看到你的笑，世界就没有那么糟。

我不爱吃甜食，却喜欢你给的甜蜜。并非所有情话都动听，也并非所有情话都甜蜜，只因说的人是你，听的人是我。是你让我知道平日里那些简简单单的问候，可以像巧克力糖果般、像棉花糖般，那么甜。

今天我没在限时抢购活动里抢到那个很喜欢的包；今天我因为养了几年的宠物去世而难过不已；今天我因为同事做错事，就怒火冲天对她发了一通脾气；今天我看到闺蜜跟另一个女生比跟我还亲密，嫉妒到发痒。

我的心情就像旧屋，铺满了灰尘，但你的出现，一句问候就能把灰尘一扫而空。你就像能调和五味杂陈的良药，让我烦躁不安的心一下子就平静下来。我就像又哭又闹的小孩，可以在你温暖的襁褓中美美地入睡。生活有时候就是五味杂陈，活生生疼醒你。你的出现对我来说，不是星星也不是钻石，而是我恰好喜欢的那种口味的水果糖，一想到就觉得超甜。

有人喜欢大城市，有人喜欢小城市，我喜欢有你的城市。

这世间人心险恶，这世界有太多未知的大灾小难。我可以单枪匹马行走世间，但更想做你怀里，什么都不会的小女孩儿。想和你肌肤相亲，想与你耳鬓厮磨，想穿越山河找到你。想站在你面前，向你借一个未来，拿我全部的温情和热爱来还。用我余生所有的精力，陪你游遍人间。

"这世间五味俱全，我只想要你一个人给的甜。"

你是我拒绝别人，唯一的理由

> 万千宠爱，
> 远不及你一人疼爱。

最舒服的状态是，忘记了两个人是在谈恋爱。不费神不刻意，不用琢磨更无须纠结。他有自己的事情，你有自己的安排，互不打扰。在你忙工作时，他会主动为你泡杯咖啡。

很多的人明明有男/女朋友，还会去接受别人的好。既然心有所属，就应该懂得拒绝别人对你的付出。我说不出来为什么爱你，但我知道你就是我不爱别人的理由。

闺蜜是某杂志签约的模特，撩人的身材，精致的五官，让不少男人拜倒在她的石榴裙下。圣诞节的时候她发朋友圈说："万千宠爱也不及你一人疼爱。这个世界的确诱惑很多，每个人都一身私心，十条后路。可喜欢是藏不住的，我喜欢他，我就只想和他在一起。"

"我不要天上的星星，我只要尘世的幸福。"陈粒在《奇妙能力歌》里唱着,"我拒绝更好更圆的月亮,拒绝未知的疯狂。拒绝声色的张扬,不拒绝你。"

我说不出来我为什么爱你,但我知道你就是我拒绝别人唯一的理由。我的心很小,装你一个刚刚好。

心是个特别狭小拥挤的地方,有了一个人以后,就再也容不下另一个人的存在。

刚认识柚子的时候,朋友小C正在追她。每次小C想约柚子一起吃饭或送她礼物,她都会特别果断地拒绝。每次看到小C伤心的样子,我就在心里骂了柚子一万遍。

后来我问柚子:"为什么当初小C对你那么好,你一点都不为所动?"

柚子说:"那会儿我是有男朋友的啊!就算他不喜欢我了,对我不好,可我和他在一起,我就不应该接受别人的好。我心里有人,就不应该给你朋友希望。"

人嘛,总不能什么都想要吧。我想要更好更圆的月亮,想要未知的疯狂,想要声色的张扬,我想要你。

"如果爱是荡秋千,我希望你是我的原点。"

我听过很多情歌,唱的都是你

> 我一生从南到北,
> 只有你使我想东想西。

以前喜欢听伤感的情歌,那种听着听着就哭的感觉特别爽。有人说年少懵懂听林夕,听懂已是老司机。单身的时候,我特别讨厌随机播放的那些很甜的歌,印象最深的是王力宏和 Selina 的《你是我心内的一首歌》:"你是我心内的一首歌,心间开起花一朵。你是我生命的一首歌,想念汇成一条河。"

后来恋爱了,突然就听懂了《小情歌》。于是就把手机里那些伤感的歌都删掉了,换成了甜甜的情歌,幻想着在每个吹着微风的傍晚,他骑单车载我回家的路上,在安静的图书馆,在熙熙攘攘的马路边,我们一人一只耳机,一起听着那些包含着我所有小心思的情歌。会唱情歌的人,和爱听情歌的人一样,伴随着旋律和歌词的响起,都会有一个人浮现在脑海里。

耳机分你一半，手分你一半，人生也分你一半。

我不知道情歌里唱的是谁，反正我听到的都是你。

有时候喜欢一首歌不是因为歌好听，而是因为歌词写的像自己。

熊大是个腼腆的男孩，喜欢也不敢主动表白，有时候也真不知道他是因为性格内向还是因为害怕被拒绝。有次他分享了一首歌给我，说："乔儿，很好听。希望能帮你激发灵感。"那时候刚好歌荒，就下载了来听。听完后我往他脑袋上狠狠地敲了一下，问他好听在哪里，一点也不好听，不适合我。他说歌词写得很好，如他一般，那首歌还帮他脱了单。

大学时的他仍然是个腼腆的小男生，喜欢一个同班的姑娘。当时所有人都知道他喜欢她，也知道她爱慕着他。班里的人以为他们会迅速确定关系，结果等了很久硬是没有他们的消息。后来有人急了，跑去问熊大，他却说他不敢表白。后来他对她说："和你认识到现在，我每天都会听这首歌。越听越喜欢，希望你也听听看。"然后没过几天，他把那首歌发到朋友圈里，并同时提到了她说："我喜欢这首歌，也喜欢你。"于是就成功把她追到手了。

如果有一个人分享过情歌给你，告诉你他很喜欢这首歌，那么这首歌的歌词，就是他想对你说的话。

你是我的岁月如歌，在那些不起眼的角落。

你是我唱到一半就忍不住嘴角上扬的情歌，你是电台里播放的情歌。山路铺开的影子，你不经意写的一字一句，留我年复一年地朗读。

和他朝夕相处了半个月，纵使有万般不舍，我还是回了国。刚开始很不适应，每天都吵着闹着要见面。在和他分开的那两个礼拜里，我每天都会单曲循环那首《孤单北半球》。一听到这首歌我心情就会变好，我们就像歌词里说的那样，少了他的手臂当枕头我真的很不习惯，发给他的照片看不到我北半球的孤单。

虽然异地恋真的不容易，我难过时他不能及时给我一个拥抱。就连想他时都只能抱着手机说："我想你。"但我们的经历也是普通恋人无法感受的，我们拿青春赌一生，现在煎熬但熬过了就是一生。所以每每听到歌中那句"世界再大两颗真心就能互相取暖，想念不会偷懒，我的梦通通给你保管"，我的嘴角都会扬起微笑。

有时候听歌听到流泪，是因为歌词正好对上我们的故事。有时候听歌听到嘴角上扬，是因为歌词里有我们想要的未来。

如果我的生命是一首歌，你就是不可缺少的歌词。

每个人心里，都有一首小情歌，一点开播放器，就无限循环，百听不厌。身边的朋友都听烦了，你还试图给他们洗脑说这首歌真的很好听。其实，我们那么钟情一首歌，只是因为歌词里，有我们相似的故事，有想对他说却又说不出口的话。

"我不知道情歌里唱的是谁，反正我听到的都是你。"

好吃的都归你,你归我

爱情就是买上一堆西瓜,
把中间最甜的那块挖给你吃。

情人节那几天,我的朋友圈被那个摔女朋友化妆品的男主刷了屏,后来又看到他的视频《爱情就是买上一堆西瓜,把中间那块最甜的挖给她吃》,女生想吃西瓜,男生嘴上说:"大冬天的自己体寒不知道啊!非得吃!""成天就知道买买买、吃吃吃、哭哭哭。"可他还是丢下正在开黑的队友,去了水果店,买了一堆西瓜,回家后切开所有西瓜,把最甜的那块挖出来给正在上班的女朋友送了过去。

有人说爱情像水,温柔明亮。也有人说爱情像酒,越久越醇。可爱情啊,就是生活中的柴米油盐酱醋茶,就是突然有一天我想吃西瓜了,你就买上一堆,把中间最甜的那块,挖出来喂给我吃。爱情从来就不是情人节送的香奈儿、纪念日的爱马仕。

昨天刚到杭州,今天就被闺蜜叫出去吃饭。与其说吃饭,不如说是帮她"检验"男朋友。在曼谷时闺蜜一直跟我说有个男生在追她，对她特别好。新年他送了她一个 Chanel 的包包，情人节送了一套 YSL 的情人节限定，说等我回杭州一定要一起吃饭，让我"慧眼识英雄"。那天，我们先到餐厅，男生半小时后很绅士地道歉说路上堵车迟到了。

闺蜜说生理期不能吃辣，于是我们点了鸳鸯锅。男生明明听到了生理期的事，还是给她点了一杯西瓜汁。吃完饭，闺蜜说送我回去，我们一起走进停车场，男生直接走向了主驾驶。闺蜜后来告诉我，这种事情不是一次两次了。每次和他一起出去吃饭，他总是只点自己爱吃的，却从不问她的想法，点一堆她不喜欢吃的。每次她都为他找尽借口，说他不懂得照顾人，情商低。

一个男人用心程度和在乎程度是成正比的，如果他连吃饭这种小事都不照顾你的感受，就是不爱你。

他可以不知道女生生理期不能吃西瓜，但点杯热饮是最基本的常识。不是他情商低不会照顾人，只不过是不想照顾。

我不能给你整个世界，但能把我的整个世界都给你。

牛肉干给你，抹茶冰淇淋也给你。来日方长给你，朝朝夕夕也给你。好吃的都给你，你归我。

经常有人问我爱情是什么。爱情是生活里点点滴滴的细枝末节，是走路时他一直把你护在马路里面还紧紧牵着的手；是生病时就算再忙也会第一时间去买的药；是吃西瓜时送到你嘴边最甜的那一口；是吃饭时他动第一筷子夹给你吃的菜；是上车时他主动为你开的那扇车门；是他只有一百块会给你的九十九块；是他即使没有全世界，也想要给你的一切。

电影《北京遇上西雅图》里的文佳佳说："我圣诞节有个包，我新年有个包，三八妇女节有个包，六一儿童节有个包。"有时候能送你香奈儿爱马仕的并不是真的爱你，或许他只是想睡你。但那些把你屁大点事都当国家大事的人，心里一定都是你。把最好的一切留给你的人，一定很爱你。

所有好吃的都给你，我不馋。漂亮的衣服也归你，我爱看。午后的阳光都归你，这样暖。周末的回笼觉归你，你太懒。

这世界你想要的都归你。

"你归我。"

晚饭有鱼有虾,你丑没事我瞎

> 你一定是作弊了,
> 不然在我心里你怎么会得满分。

什么是真爱?有人说真爱就是两个人丑得像猴儿一样,都会担心对方被别人抢走。

凯希首次发朋友圈秀恩爱时,周围的朋友一个个都炸了。对方与凯希之前给出的标准差了十万八千里。大家在群里你一言我一语地议论,男神凯希怎么就挑了个这么"路人"的女朋友?

"这女的是不是很有钱?"

"我男神是不是瞎了?白内障晚期?"

凯希回复说:"虽然她没那么漂亮也不是什么女神,但她很善良,很可爱,我喜欢她。"

"普通点挺好的,省得被别的'狗'惦记。"

情人眼里出西施,爱情就像有魔力的美颜相机。喜欢的人在眼里都自动美化,当然也不乏有人说三道四:"男神你是啥时候瞎的?"当然他也会火力全开怼回去:"关你屁事!"

其实有时挺羡慕凯希在爱情面前毫无顾忌的勇气,般不般配在握紧彼此双手之后都是扯淡。每个人都是自私的,尤其在爱情里。

真希望你是个乞丐,这样我就可以像小说里写的那样,把你捡回家,占为己有。当我爱上你时,会希望你只属于我,会希望你丑一点,再丑一点,这样别人就不会喜欢你,你就永远都是我的了。晚饭有鱼有虾,你丑没事我瞎。

你一定是作弊了,不然在我心里你怎么会得满分。

颜值从来都不是拒绝爱情的理由,每个人都有追求和拥有爱情的权利。最好的爱情是势均力敌,而在凯希面前,对方从来没有觉得自己配不上他。空窗期的我经常在朋友圈一本正经地胡说八道:"这辈子最大的梦想就是嫁给一个钱多眼还瞎的男神。"

好看的面孔很多,色彩也很多。自我的绚丽不是每个人都能看得到的,就拿我和 Sunshine 先生来讲,在一起时间久了,我经常会和他说:"我现在越来越觉得自己是不是瞎了,你怎么这么丑啊?"他每次都会对我进行思想教育:"这世上哪有那么多好看的人,就是整得再好看,过两年脸上的玻尿酸也会全被吸收的。"

其实想想也并非没道理,人都是平凡的,夹杂着各种瑕疵。其实人们最在乎的不是自己的另一半好不好看,而是这段爱情能不能流传千古,被人称赞。决定爱情的从来都不是颜值和流言蜚语,有人说真爱是颜值的外挂,这不是屁话吗?大黑牛也算不上人中龙凤,不照样凭着自己的本事和咱们冰冰女神走到了一起。

以前看过一篇漫画,一对情侣在枕边嬉闹斗嘴。
"你好丑。"
"你最丑。"
然后两人拥吻。

我整天嫌弃 Sunshine 先生越来越丑,却又担心我不在身边时他被别的女人勾搭。他整天嫌弃我肉多,却又每到饭点的时候嘱咐我多吃点。

爱是互相嫌弃,却又不离不弃。我本无心看风景,却偏偏停留在这里。

猫虽然怕水但还是喜欢吃鱼,就像我虽然经常嫌弃你,却还是想和你永不分离。有的人像烈酒,沾染上就是一场宿醉,酒精褪去后只剩头疼。有的人就像白开水,食之无味,却又不可或缺。很多人爱喝酒,可没有人能不喝水。我们都向往久久不能平息的怦然心动,可最终都会选择在胃疼时给自己温暖拥抱的人。恋爱可以琴棋书画诗酒花,可日子也需要柴米油盐酱醋茶。

我们早就过了因为一件好看的白衬衣而喜欢了他一个夏天的年龄。对于爱情,只要喜欢就可以,也许会因为他今天笑得好甜,而喜欢上他。你可以没有吴彦祖的八块腹肌,没有吴亦凡的大长腿,没有王凯低音炮一般让人听到就想嫁的声音,没有陈冠希嘴角上扬时那抹坏坏的痞笑。外边的世界五颜六色,米其林三星的 special,每天吃也会有吃厌的一天，一次性餐具的路边小吃麻辣烫也会让人念念不忘。你不用多好，我喜欢就好。

相敬如宾和腻腻歪歪的爱情不一定会永远，互相嫌弃最稳固。那些每天在一起斗嘴、打骂的，却一不小心走到了白头。闹情绪是渴望存在感，故意说反话是想引起你注意，那些别扭又违心的嫌弃，都是我说不出口的喜欢。

"晚饭有鱼有虾，你丑没事我瞎。"

毫无理由地偏袒，是最大的宠爱

最大的安全感，
就是有个人愿意不分对错地帮你。

闲着没事翻自己以前的朋友圈，看到电视剧《微微一笑很倾城》的几张截图。

"你就这么相信她？"

"我的女孩，我为什么不信她？"

另一部电视剧《三生三世十里桃花》里的东华帝君，在小凤九惹出一桩又一桩是非后，第一时间不问缘由地站出来为她说话："我昔日带兵惯了，即护内又不讲道理，以后你还是离我宫里的人和狐狸远一些的好。"

说到最动听的情话，每个人心里都有属于自己的答案，可我唯独偏爱那句"做你想做的，错了算我的"。可能因为最近受了些委屈吧，觉得那种你不用多说什么就特别信任你，不管谁是谁非会第一时间维护你,瞬间变身护妻狂魔的男人都超有魅力。

谁在诋毁我们的人面前反驳,谁在我们哭泣时一把抱住,心疼我们的软弱,不让大风大浪伤害。毫无理由地偏袒一个人,是最大的宠爱。

最大的安全感就是,有个人愿意不分对错地帮你。

悠悠前两天因为工作原因和领导大吵了一架,一时气不过摔门走人了。她准备和男朋友哭诉,结果刚说完辞职两个字,男朋友就劈头盖脸痛骂了悠悠。气在头上的她就把对方所有联系方式都拉黑了,后来不管男朋友怎么求和她都不同意。我也劝了她好几次,没必要因为这点儿小事就结束这段来之不易的感情。

"这并非第一次不分青红皂白地责怪我,但这是最后一次。"

"道理我都懂,如果我需要讲道理我还不如去找度娘。老子不过就是希望,当我说委屈时他能二话不说地偏袒我安慰我。当我不开心时,他能逗我开心。"

当我骂一个人时,能帮我一起骂回去的才是最爱我的人。

因为爱,从来不问对错。

哪怕是我错得再离谱,也都会挺我到底。

很久之前看过的一个视频,卖菜的女人和买菜的人起了冲突。买菜的男人开始对那个女人破口大骂,吵得正起劲时,在里面整理货物的男人拎着菜刀冲了出来,吓得买菜的男人落荒而逃。虽然看到这个新闻时特别感慨,还好没有酿成大祸也没有人受伤,可是心里也不禁开始羡慕那个女人,能有一个不讲条件不问道理就愿意帮她的男人。其实事情的起因是因为女人用假钱,所以和别人发生了冲突。可在里面整理货物的男人并不知道发生了什么，只是看到有人欺负她，就本能地毫不犹豫地要挡在她前面保护她。也许他的方式有一些过激，可是谁都不能否定他对那个女人的爱。

我当时心里想，也许他们的日子过得并不算太好。可她一定是被爱的，陪伴在她身边的这个男人，一定非常爱她，并且愿意无条件冲在她前面保护她。

《鸭王》里面有句台词："就算你杀了人，我都会是帮你藏尸的那个人。"

我这个人，对事不对人。可是如果是你的话，我只对人不对事。

真正爱一个人时，就连你的自尊心都会偏袒他。我是很有原则的，无论什么事自己人永远都是对的。我有个臭毛病，特别护犊子。我自己的人，别人说都不能说。

我的人只能我欺负，别人不行。

之前和 Sunshine 先生在泰国时，我跟别人大吵了一架。正好在旁边的他目睹了这个场面，二话没说直接冲过来，没有问缘由，就去很大声地凶那个跟我吵架的人。我也忘了那天为什么吵架，但我的脾气是易燃易怒易爆炸型的，那次好像也是我的原因。

后来问起 Sunshine 先生："那天你都不知道我为什么跟别人吵架你就凶人家，你怎么这么不讲道理？"

Sunshine 先生说："我怎么不讲道理，你就是我的道理。我凶你可以，别人不行。"那一刻的温暖，我到现在都还记得。

被人没有理由地偏袒，大概才是这个世界上最大的宠爱吧。他只在乎你有没有受委屈，有没有被欺负，不在乎你们最初为什么会有矛盾，不管你是对也好错也罢。一个真正爱你的人不会跟你讲道理、论对错。喜欢一个人是没有理由的，他可以随时随地无条件地偏袒你。

所谓偏袒，不过就是我知道你的欲言又止，我也明白你所谓的口是心非以及故作坚强。一个女生跟男朋友讲起自己在外面受欺负时，从来都不是为了让男朋友去替她分辨对错。每个人都能分清是非黑白，她无非是想在委屈时能有你的拥抱，就像难过的时候就想回家一样，不过是渴望被关爱而已。

"男人对女人的爱包括两部分，保护和占有。"所谓的保护和占有，其实是同一件事情。没有任何人愿意和别人分享自己喜欢的东西，更不允许别人侵犯他心爱的女人。就像你不能容忍一个陌生人，突然把你喜欢吃的薯片扔到地上踩碎一样。

幸福莫过于被人毫无理由地偏爱，这世界上没有这么多人总是能公私分明。一边是自己深爱的人，另一边是从未有过交集的陌生人，对错不重要，可是关系一眼就能明了。最终你会选择和某个人过一生，他会对你和对其他人不同。他偏袒你所有的不好，你的无理取闹。这个世界上最大的宠爱，就是不讲道理的偏袒。

因为我爱你，所以你的一切都是对的。

无论我做了什么，错的那个永远都不是我。

如果有一天我错了，那就麻烦你参照上一句。

和你恋爱，够我发一辈子朋友圈了

我喜欢春天的花夏天的树、秋天的黄昏、冬天的阳光，和每天的你。

前些天在稻城遇到一对小情侣，女生走到哪儿都会拉着男朋友拍各种合照。最后男生很不耐烦地说了一句："你到底是来玩的还是来自拍的？"

大多数男生都不知道，女生很喜欢和自己的另一半拍合照。就像男生喜欢保存游戏里超神的记录一样，只是为了定格那些美好的瞬间。很多女生单身时总会幻想许多浪漫的场景："我要跟他一起去好多好多地方，拍好多好多合照，把和他在一起的每一分每一秒的美好瞬间都记录下来。等到我们都老了，在一个撒着金黄色落霞的傍晚，并肩坐在院子里慢慢回忆。"

世界那么大，风景那么多，而我却只想和你坐下来聊聊天。你是雾，是露，是漫山遍野的风雨琳琅。

闺蜜糖糖是个自带女主光环集万千宠爱于一身的模特。认识她两年，朋友圈很少看到她的状态。直到前几天突然看到她和男朋友的合照。

她是个很懒的人，比起频繁刷朋友圈的我，她的状态简直比二十四节气更替都慢。有一次发现她超过三个月没发状态，我还特意跑去私信她是不是出了什么事，甚至怀疑她玩失踪。她说："我不发状态是因为好友里都是合作商和粉丝。有些时候想要矫情一下，还得仔细琢磨怎么发才合适，怎样才不会'跌份儿'，怎样才能宣泄自己的情绪又不会让别人觉得自己矫情。最后想想，算了，这点事儿不值得我在朋友圈发状态。"

最近看到她肆无忌惮地秀恩爱，我私信她："这样做不怕掉粉吗？"

她说自己是招风的蝶，而他就像远方的家，所以万千宠爱都不及他一人，为他拒绝万千世界，又有何不可。

"我不要天上的月亮，只想要尘世的幸福。"

我若在你心上，情敌三千又何妨；你若在我身旁，负了天下又怎样；你若与我相许，一世浮华又何惧；血染江山的画，怎敌你眉间一点朱砂；覆了天下也罢，始终不过一场繁华。

我看淡了野心茫茫的世界，只想用余生为你暖一盏茶。

别人都想要世界和平，我不一样，我想要世界和你。世界说大很大，说小也很小。大到走了那么久还没有和对的人相遇，小到围着你绕一圈就看到了全世界。女孩子都有个通病，一恋爱就想昭告天下，让世界皆知，总觉得这是一种安全感。就像小孩子开学的第一天，拿到老师发的新书，迅速在第一页写上自己的名字，满心欢喜地告诉大家："这是我的，上面写了我的名字。"

以前我特反感别人在朋友圈秀恩爱，还发过评论："朋友圈是用来互相学习的，不是看你们秀恩爱的，望周知。"但真正遇到了那个人的时候，才发现自己也会忍不住发朋友圈。想要告诉全世界，我想和照片里的这个人，谈一场够发一辈子朋友圈的恋爱。

如果我说我想去全世界看一看，能不能让我围着你绕一圈。

如果爱是荡秋千，我希望你就是我的原点。

遇到你真好，想和你一起终老

在我遇见的所有人里，
我最喜欢你。

昨天推送完文章，小诺私信我说："在你这里我收获了一份爱情。"

她和他是在微信群里认识的。刚认识的时候，她觉得对方是个玩咖，是那种特别会撩妹的渣男，压根没想过会喜欢上他。结果两个人莫名其妙地就走到了一起。

这世上有太多我们猝不及防的事情，在一个素颜朝天跑出门买奶茶的下午，刚好就遇到了那个想要相守一生的人。很高兴你能来，这样我才能偷走你的心。

遇见你，是我一生中最美丽的意外。

前几天和 Sunshine 先生聊天，他说十几天之前我们还是不怎么聊天的微信好友，现在怎么突然有种结了婚的感觉。我们以前只是在去年五月份偶遇过一次，认识两年，直到圣诞节之前都是没什么交集的微信好友。

"天下有那么多城邦，城邦有那么多街巷。你没有早一步，也没有晚一步，来到我面前，我知道，你是我的命运。"

你知道什么是意外吗？意外就是我从没想过会遇见你，但我遇到了。我从来没想过会爱上你，但是我爱了。

遇到你真好，想和你一起终老。明知这是一场意外，你要不要来？

不管是肥皂剧还是古装戏，男女主角一定是以一场意外相遇，再到后来的相识、相知、相爱。电影《北京遇上西雅图之不二情书》里，娇爷因为一本丢掉几次又回来的书，而意外遇到了Daniel。这世上有很多我们措手不及的意外，刚赶到站牌就呼啸而过的班车；刚洗好衣服就被雨淋湿的阳台；对方正在输入而你刚好等待的信息；刚想回头而你一直都在。

释迦牟尼曾说过："无论你遇见谁，他都是你生命中该出现的人。"

你遇见的事都是因你而生，你遇见的人都是为你而来。在最好的时光遇见你，是我的运气。

这世界有60多亿人，按照80岁死亡计算，一生有29200天，我们平均每天可以经过1000个人，一辈子会遇到2000多万人。所以与某一个人相遇的几率，用2920万除以60亿，大约是0.00487。总会有一天你会遇到那个想和他厮守一生的人。

"我攒了好多年的温柔与浪漫想要快点给你。"

我想八十岁醒来时,是你在我身旁

> 万里路人于我终是海,
> 爱你是三万里程的孤单。

昨天叫了辆车去机场接朋友,上车系安全带的时候我看到一张照片。司机是一个留着胡子的邋遢大叔,他见我一直盯着照片看,便说:"这是我和前女友的照片。以前爱自由,天性浪荡的我在外各种鬼混,四处留情。每次烂醉后第二天都会看到桌子上她煮好的粥和蜂蜜水。

"这是我们唯一的合照,我喜欢骑着摩的到处游玩。她就一直跟着我,甩都甩不掉。"

我小心翼翼地问:"那……现在呢?"

司机大哥说:"前年她父母让她回上海相亲结婚,我没有留她。她回了上海,到现在也没有结婚。

"而我一直跑在路上,除了挣钱也顺便忘记她。"

睹物思人的后半句，永远都是物是人非。

这城市灯火辉煌，却照不亮找回你的那条路。

你是我见一个爱一个中，最喜欢的那个。

去年和九儿在酒吧喝酒，她喝多以后开始讲她和 L 先生的故事。他们是在朋友的生日趴上认识的，九儿酒量差，L 先生一直帮她挡酒，无微不至地照顾她，最后还送她回了家。这些年九儿遇到过太多"奇形怪状"的中央空调，L 先生是唯一能让她心动的一个。九儿甚至还信誓旦旦地说："老子无论如何一定要睡到他！"结果梦想成了真，自己也泥足深陷。

"那天我以为他要带我去酒店，结果他带我去了他家。洗澡时问他拿浴巾，他说用他的就好。

"他让我有一种，回到自己家的踏实感。"

爱情中九儿是个洒脱的姑娘，深知速食年代的爱情可遇不可求，所以她常说："能走肾你就别说走心，听着恶心。"可 L 先生的出现，让她有一种"从此永远停泊靠岸"的想法。

早就不相信爱了，可还是相信你。一辈子太长，飞是不行了，陪我走一程吧。

如果生活是一场大雨，我是破了洞的雨伞，而你是补丁。有你在的地方，我的世界一片晴空。

后来九儿说自己浪了这么多年，习惯了单身，遇到再喜欢的人也会害怕，只能苦笑着摇摇头说算了。一身骄傲的她遇到 L 先生，就像不战而败的将士,彻底乱了阵脚。有了 L 先生的九儿渐渐改掉了喝酒、抽烟、浪荡的坏习惯,从一匹难以驯服的"野马"变成了一只安心守家的"小猫咪"。再次见九儿时,她戴着 L 先生的求婚钻戒说:"我终于有一个属于自己的家了。"

路很长,我陪你走好吗?手牵好,别走丢。

逛宜家时路过一个个样板房,像路过浓缩的人世间。有妈妈在婴儿床上小心翼翼放下宝宝,情侣在客厅沙发上满脸幸福地观看电视广告,有中年男在大床上旁若无人酣睡,有小青年在办公桌前快乐旋转老板椅。各种人生场景,紧密剧情,匆忙流过,各自进行。

我们敲过各种各样的门,走过大同小异的人生,最后找到一心一意的路。如果能在当下的时间好好喜欢一个人,就不要后知后觉在未来的回忆里怀念。

"我想 80 岁的时候醒来,是你在我身边。"

我喜欢你，是想和你度过余生的那种

喜欢你啊，
是和你牵了手就想共度余生的喜欢。

下午闲着无聊刷了几期《奇葩说》，有个妹子的经历吸引了我。她21岁的时候和一个只见过六次面还比她小一岁的男生结了婚。两人在旅行分享会上认识，见第一面后就在一起了。

"婚姻对我来说不是一件特别沉重的事情，如果我没有做我以后一定会抱着被子哭的。但我做了，我穿着牛仔服，头上戴着淘宝20块钱买的头纱，我还是觉得我是全世界最幸福的女人。"

有人说她对自己不负责，对未来不负责，对婚姻没有认知。

"哪怕我们因为很多从未考虑过的因素而离婚，虽然冲动的结局并不好，但在结婚的那一刻，我是真的觉得我可以和这个人过一辈子。"

大多数女生都一样吧，遇到喜欢的人后，余生都只想和他一起走。遇到你之前我从未想过自己的未来，可遇到你之后我连孩子的名字都想好了。你牵我手的那一刻，这一生我就想只跟你走。初遇你眉眼时从未想到，你会对我的未来那么重要。

最近在朋友圈看到很多晒结婚证的，兔子也是其中一个。

兔子其实刚和大熊在一起不久，后来说起她的爱情故事，让我羡慕不已。

她是跟着公司老板参加其他公司年会时认识他的，他是那天的主持人。出类拔萃的大熊让兔子一见倾心，巧的是，主持结束后，大熊直接走向了她，两人相谈甚欢。兔子说从他端着酒杯向她走来那刻起，她就知道眼前这个人，就是她想共度余生的人。年会结束后，大熊主动约兔子出去看电影、吃饭、郊游，不久后他们就在一起了，接着就去马尔代夫过情人节。兔子说领证的过程就像出门买菜一样，就是路过民政局时，他说我们领个证吧。

当我问她这样会不会太草率时，她一脸幸福地说："遇到喜欢的人就想要嫁给他啊！而且我们三观很合，性格又互补。听说一眼的喜欢，一辈子只有一次，我想和他一眼一生一世。"

初遇你眉眼时我就知道，对啊！就是你啊！我想一起走完后半生的那个人，就是你啊！遇到你以后，我就从未想过会分开。喜欢你啊，是想和你度过余生的那种喜欢。

你是字里行间的隐喻，藏在开头躲在结尾。断句里有笑意，韵脚里有深情。句句无你，却句句是你。

林宥嘉在向丁文琪的求婚情书里，有这么一段话：

心中设想过很多种向你求婚的方式，有的热闹，有的天马行空，有的则是朴实的像我们相处的日子。但不管是哪一种，我总差临门一脚的勇气。只因为担心踏出了这一步却不够完美，错过能让你更幸福的机会。就是今天，我要把你定下来，再也不舍得你的人生继续浪费在没有规划的时光流逝中。

之前在节目上被问到"你女朋友怎样"时，他回答："我女朋友很好，是个当老婆的好人选。"在承认和丁文琪恋情的同时，也宣誓着想和她共度余生。当初林宥嘉被爆料说因为不想结婚和邓紫棋分手，却在遇到丁文琪后想赶快把她娶回家。爱情是个很奇妙的东西，在遇到你之前，我从未规划过自己的未来。遇到你之后却想给你一个家，更想和你白头偕老。你是我此刻的喜欢，也是我头发花白时的最爱。

遇到 Sunshine 先生之前，我从未想过安定。想谈一场你死我活的恋爱，想走遍万千世界。可遇到他之后，却只想和他每天柴米油盐一起生活，平平淡淡，安稳又踏实地相爱。

总会有一天，你也会遇到那么一个人。看到他第一眼时你就知道，要一起共度余生的人就是他了。

"我对你的喜欢啊，是想嫁给你的那种喜欢。"

爱对了人，情人节每天都过

如果哪天我秀恩爱了，
那个人一定是世界上最好的。

小薰在朋友圈发了跟男朋友的合照，说："他也许不会带我去坐游艇，吃法餐，但是他可以每天早晨都跑几条街去买我最爱吃的豆浆油条。

"他可能不是最优秀的，但他是最好的。"

爱是断掉所有后路，换一个共度余生的你。我以为我不会秀恩爱，直到遇见了你。

前段时间微博被某明星的恋情公开刷了屏："嗯，就是她了。"由于不被看好，很快就有人扒出他 2013 年的微博："如果有一天我真的找到了自己的幸福，我一定不会公开告诉大家，我要自己偷着乐。"

遇到 Sunshine 先生之前，我会为了一己私心憋着谁也不说，像松鼠一样攒着满腮帮子的果仁。可遇到他之后我就变得特别老套，他对我说的每句话都想截图发到朋友圈，他的每一次温柔我都想炫耀，可我从来就不是这样的人啊！以前我总认为自己是一匹脱缰的野马，五分喜欢就恨不得把他挂在嘴上招摇过市。七分喜欢，就要每天和密友至亲分享。十分喜欢，就想昭告天下。

"对啊！就是他啊！我喜欢的人就是他啊！"

遇到你之后，所有的人都是路人甲。夏天遇见冰棍，冬天遇见红薯，烧烤遇见啤酒，我遇见你，一切都是最好的安排。两个人在一起，选择不公开的原因有很多，可能是私心想给自己留后路，想遇到更好的人。而公开的原因就一个，只想和你在一起。

"其实秀恩爱的人大多都无关炫耀，只是怀着一颗热乎乎砰砰跳的心，迫不及待要昭告全世界，我喜欢这个人。"

在爱情面前我们都藏不住喜欢，演不出热情。就像在沙滩上捡贝壳，不捡最大的，也不捡最好看的。捡到最喜欢的以后，便再也不去沙滩。

如果爱是荡秋千，你就是我的原点。书上说大概每四年才会遇见一个真心喜欢的人，如果有一天我开始在社交账户频繁秀恩爱，那就说明我真的很喜欢那个人。

如果哪天我秀恩爱了，他一定是我想一起度过余生的人。

"晚点遇见你，余生都是你。"

不管未来什么样,我都想和你一起看看

在这什么都善变的人世间,
想和你一起,去看一下永远。

某天和小姐妹喝下午茶,从看星星看月亮,诗词歌赋,聊到人渣。

小A说前任和她分开后又找了个女朋友,前段时间还要死要活要结婚,结果这两天在朋友圈又晒了另外一个女生。

小C说她又换了个男朋友,这月换了三个,问她最喜欢谁,她说都喜欢。

"我昨天喜欢你,今天喜欢他,明天看心情吧。"

这个世界不知道从何时开始变得这么随意了,今天很喜欢的人明天就不喜欢了。今天商场关门前隔着橱窗看上的衣服,等明天商场开门就突然不那么喜欢了。在这什么都善变的人世间,我想和你去看一下永远。

人都是会变的,今天喜欢你明天也可以喜欢别人。小C说她就是

那种没有爱情的女人，谁对她好她就跟谁走，一旦察觉到对方对她态度有些转变，马上掉头就走换下一个。

"人都是善变的，那些给自己扣上'专一'高帽的人，只是没遇到更好的而已。"

就像我今天去逛街，商场关门时看到一款很喜欢的包，回到家夜不能寐地惦记着那款包。第二天起了一个大早跑去商场，结果在那款包的旁边看到一款更好看更耀眼的，瞬间就忘记了惦记一整夜的那个。感情也是一样，今天可以要死要活只喜欢你一个，但明天也可以喜欢上别人。

人都是善变的，至于变化的速度有多快，连自己都想不到。

在这善变的人世间，我想和你一起去看看永远。以前不喜欢喝咖啡，现在喜欢喝美式和手冲；以前不喜欢喝茶，现在每天都会泡杯早茶；以前吃不了太辣，现在吃火锅不是特辣都不吃；以前不喜欢吃甜食，现在可以班戟当饭吃；以前总是喝酒，现在也从来没停过……所以说人都是善变的，但也是不变的。我可以不喝咖啡不喝茶不吃辣不吃甜食，但就是没办法不喝酒。

韩剧《鬼怪》里的金信，突然有一天看到了池恩卓的未来。金信明知自己胸口的那把剑一旦拔掉，自己会从池恩卓的世界里消失。明知在没有他的未来，池恩卓会和别人在一起，会喜欢上别人。可他还是没办法停止喜欢她，想和她在一起。

哪怕我知道突然有一天我们会分手，哪怕我知道你的未来里没有我的身影，哪怕我知道未来的路我们不能一起走完，哪怕我知道突然有一天，你就不再喜欢我了，不管未来什么样，我都想和你一起去看一看。

以前车马很慢，书信很慢，一生只够爱一个人。现在网络很快，诱惑很多，看一部电影，可以换七八个对象。

在这事事都善变的人世间，我想每日都挽着同一双手臂，也想和你去看一眼永远。

"择一城终老，遇一人白首。"

我们会白头偕老，
只是天各一方。

『好久不见』

祝你幸福，

是
真的

新娘不是我,但是新郎我爱过

> 很庆幸能走到你的身边,
> 很遗憾没能参与你的未来。

很多人说,你的文字那么悲伤,一定有很多故事吧?

我都笑着回应:"哪有什么故事,这二十多年全是事故。"

不愿意说起那些过往,就是不想让任何人看到自己曾经那么狼狈不堪。一直都不想靠打感情牌博取共鸣,可有些故事没有经历过就无法感同身受,现在我更想用自己的经历告诉那些还沉浸在黑暗中无处可依的灵魂:"无论两个人结果如何,都要学会接受,然后向前走,不要回头,错过了要放手,你现在经历的所有苦难都是走向真爱的劫数。"

一生中,每遇到一个人,都是一次成长。我们来到这个世上,吃五谷杂粮,喝酸甜苦辣,总要百般滋味都尝过,才能收获不一样的甘甜。

人生就是一场又一场遇见又告别的游戏。遇到时好好珍惜，告别时好好说再见。可以难过，可以流泪，但第二天记得好好洗把脸，男生穿起帅气的西装，女生化个美美的妆，丢掉那个狼狈不堪的自己，去迎接新一天的到来。

很庆幸能走到你的身边，很遗憾没能参与你的未来。

当初那个毫无保留爱过我，宠溺我犯错，心疼我故作坚强，担心我受伤，把不优秀的我当成宝贝一样宠着的人，那个陪了我六百多个日日夜夜的名字，那个当初连婚房都准备好说等我长大就娶我回家的人，怎么一不小心就成了别人的呢？

异国恋三个多月，虽然两岸相隔一万多公里，但我们每天都打很久的电话。虽然我们也都回避过这段感情，情人总分分合合，可我们却越爱越深，那时候他的签名从在一起就换成了"有女朋友，比你漂亮。"

我说想要八块腹肌的男朋友，他就偷偷跑去练，还在朋友圈里说："一生只能给予一次承诺，所以我不能轻言，但是我愿意为了她变得更好。如果连简简单单的八块腹肌都无法做到，何言喜欢。"

他是爱面子讲大道理的大叔，我是还没长大的傲娇少女。

他放不下他的面子，我更放不下我的骄傲。但后来他却为了我慢慢改变。

以前的他每天都出去喝酒，但在一起后他每天下班就乖乖回家，为了我拒绝所有暧昧。15个小时的时差，即使他在工作也会开着语音哄我睡觉，只要我说想要亲亲，他即使在开会也会发语音过来。

那时候我年龄还小，除了无理取闹就只会发小脾气、耍无赖，他每次都被我缠得无力反抗。有一次他惹我不开心，怎么哄我都没用，最后实在没办法，大半夜蒙着被子唱《三只小熊》哄我，即使当时他出差和同事在同一个房间。

他为我做了很多不避讳别人眼光的事情，哪怕所有人认为三十岁的男人不该做这么幼稚甚至丢脸的事情。

当初我们爱得轰轰烈烈，他身边所有朋友、公司员工以及他的父母都知道我的存在。我们一起做过很多疯狂的事情，一起经历过很多甜蜜的回忆。我整个花季的男主角都是他。

连婚房的风格都是我们一起选的，我说要蕾丝床，他就专门腾出一个房间，满足我的公主梦。我们计划在二楼装个投影仪，周末我们就窝在家里看电影，到白天就把画布卷起来，墙纸就用涂鸦把我的照片绘出来，铺满整面墙。

可残酷的现实却让我不得不选择推开他，一次次让回国的承诺化为泡影。

后来他朋友找到我："如果你暂时回不来，就放了他吧！别再给他希望又让他失望……"

我提出分手把他拉黑后，自己跑去喝酒结果出了车祸。

分开后他把签名换成了："神宠爱的人。"头像换成了当初他生日我送的那条说要拴他一辈子的领带，朋友圈留下一条状态："系上领带把风都还给回忆，世界是自己的，和他人没有关系。"

这世上有太多我们无能为力的事情，这世上有太多想说却又说不出口的话：

你可不可以不要走？

没有你，我哪里都不想去。

无论如何你都不要放开我的手。

你是我第一个下定决心想要嫁的人。

如果我的任性让你无法理喻，你给我个拥抱就好。

多希望你知道我并不洒脱，然后告诉我你也很想我。

2017 年 7 月被渣男劈腿，我把他从黑名单里放了出来。

有一天他发了张在酒吧喝酒的照片，配文是："身边一群姑娘，可我心死了，干脆找个人闪婚算了。"

再后来有一天晚上我们说了很多话，说起当初那套要娶我的婚房，说起以前的点点滴滴，最后他说很多事情都回不去了，以后你要照顾好自己……

8 月 30 日，我说："不想谈恋爱，他们都照顾不好我。"

8 月 31 日，他评论："如果将来有人愿意保护你，就剪掉身上的刺吧。"

"如果没有呢？"

"那就我来吧，反正已遍体鳞伤。"

后来我调侃他，一万三千多公里的距离，现在只剩下一千多公里，所以是他飞，还是我飞？他说："当然是你飞啊，你不是想看那套房子吗？"

下了飞机，他接到我，牵起我的手说："我们回家吧。"

第二天是中秋节，他爸妈在厨房煮饭，我在看电视，他就在旁边剥山竹给我吃，当着他爸妈的面亲我额头，把我搂在怀里，紧紧牵着我的手。我们四个人一起看电影、吃月饼、喝茶、赏月，有说有笑……

那种感受就如同《致青春》里的苏韵锦，辗转多年才发现，那个当初深爱过的程铮一直都在原地等她。

"以为走遍千山万水总能走出你的眉眼，后来发现，千山是你，万水也是你。"

我以为能和当初深爱过的他重新开始，牵手一生，却在床头柜里看到了他和别人的结婚证。

日期是 8 月 18 日。

事实告诉我，这一切，都只是一场梦。

后来才明白他那晚的一番话，如果我早一点回头，结果就不会是这样了。就像他说的，他从来没有想过我会回来，但我们那些曾经、那些深情、那些感动都真真切切地发生过。他只是想让我回那个当初他曾经许诺要给我的家看看，让他的父母见见当初那个傻呵呵的小丫头。

也是因为当初爱得太刻骨铭心，所以他才躲躲闪闪挣扎了那么久，直到后来，对我说出那番话。

人生的出场顺序真的很重要，陪你酩酊大醉的人注定无法送你回家，陪你走过青春的人也很难步入殿堂。

  我爱他，但我也明白这世上有很多徒劳无功的事情。一提起他就眼眶发红，满城风雨的喜欢到最后只能无奈地换来一句再见。最后悔的是那些在一起的日子，没有拼了命地对他好。

  花轮并不喜欢小丸子，他把谁都唤作宝贝。你也一样吧，给过我的同样也可以给别人。

  在一起那么久，牵手走过了春夏秋冬，体会了无数喜怒哀乐，经历了无数小灾大难，如果最后和你牵手走过红地毯的人，不是我，你可不可以给我也寄张请柬？

  我多想看看那个她，是一个多么美好的女孩子，我多想看你幸福的样子，我多想陪你走进婚姻的殿堂，你所有的样子我都见过，开心的、难过的、愤怒的、温柔的，就想最后看看，你不属于我的样子。此后是平庸是惊世是绚丽是落魄是风是雨，我都祝福你。

  祝你们幸福是假的，祝你幸福，是真的。

我想拿余生，等一句别来无恙

> 只可惜，
> 我按了截图键都留不住他。

一直没有随时备份的习惯，手机出现问题，我特别固执地和售后讲，我不想还原系统。我怕和他最后仅存的记忆都没有了。甚至弄丢手机时，我在意的都不是手机的价值，而是里面，所有关于他的一切。

那些年，我们拿着功能简单的诺基亚手机，里面装着的都是关于某个人的回忆。无论是甜言蜜语还是简单的早安晚安，即使存满两百条，也不舍得删一条。后来手机功能越来越强大，聊天的方式越来越多元化，却很难再找到一个让我们满怀期待的人了。

爱得再深刻，最后也只剩下几百页的聊天记录。看着旧信息，才知道有多爱那个人。

念旧的人活得总像个拾荒者，不动声色却满心澎湃。

看到我手机里有那么多聊天记录截图时，小晨说："大概每一个爱截图保存下来的人都是恋旧的人。"

恋旧的人总爱回头看一路走来的历程。

小晨过去也是一个爱保存截图的人。每次的恩爱、逗比或犯傻，她都会开心地在朋友圈晒出来。后来，聊起那段往事，她说："都删了，我现在的习惯是随时清空。"

你的通讯录里一定存在着这样一些人，曾经无话不说，现在无话可说，甚至早已互删了。

以前，手机里的每张截图都是与他有关的故事，从一开始不敢回忆，到夜里失眠忍不住想念，怕路过他家，避开他爱吃的食物。即使聊天记录和截图依旧在，我也真的从此彻底失去了他。

从陌生到熟悉，那些记录是最催泪的情书，让你亲眼见证一个人变心的过程。

你以为可以证明你们曾经相爱，也曾亲密无间过。可所谓的失去，就是你按了截图键也无法留住要走的人。

念旧的人总是很容易受伤，喜欢拿余生来换一句别来无恙。

我要用图片定格瞬间的美好，在往后漫长的岁月里慢慢回忆便好。可事实上，我不怕你留给我再多的美好，怕的是你不回头地走掉。

"不和你拍照，就是怕有一天我们关系破裂，再看到时，回想起再也回不去的时光，手抖着删除照片、删掉记录、删去一切，也假装着连同心里的记忆一并删掉。"

前阵子，我的微博收到一个女孩的私信，她发了一百多条信息，有一半是聊天记录以及各种截图。

她说:"你看啊,这些都是他爱过我的证据。"

"忍痛按下 Delete 的瞬间,才清醒地认识到回不去,终究还是回不去。我天真地以为余生那么长,还可以和他一起回忆往日岁月里的时光。爱到最后,只留下了那些记录,让我自己苦笑悲伤。"

"只可惜,我按了截图键都留不住他。"

记忆是摊在掌心的水。无论你摊开还是紧握,终究还是会从指缝中一滴一滴地流淌干净。我曾路过你的心,不是我不想停留,而是你不想收留。

生活并不复杂,有一个甜美的记忆就够了。我知道按了截图键也留不住你,那就放手让你走,去找寻你认为的幸福美好,我也会努力重新回归爱生活的模样。

愿你按下截图键,想保存聊天记录的那个人,是你永远都不会失去的记忆和美好。

你是年少的欢喜，也是余生的可惜

可是最后，
我们还是分手了。

"可是最后，我们还是分手了。"

这是我听过，最无力的一句话。

那些还没来得及实现的梦，那些一起计划的美好未来，曾经那么相爱的两个人，为什么走着走着就散了呢？

就像吃了一口的糖掉到了地上，计划好的出行却遇到大雨倾盆，花很长时间下载好的影片却提示数据损坏无法观看，手机提示新消息却发现只是应用软件更新。我怀着满满的期待，却掉入漫无天日的绝望里。

多少日子盖的罗马，你却一夜拆了城墙。

很多人都不用风吹就散了。最近和一个认识两年多的朋友叙旧，他说印象最深的就是当初我整天在朋友圈秀恩爱，天天秀就算了，还群发点赞。

"那时候,是真的想和他共度余生,要不然也不会毫无保留地秀那么多。"

"那后来呢?"

"后来,我们还是分手了。"

BY2 有首歌叫《我知道》:

"我知道你还是爱着我,虽然分开的理由我们都已接受。"

我知道你有低血糖,我知道你吃鸡蛋不吃蛋黄,我知道你不能喝酒,一喝酒就浑身发痒,我知道你晚上 6 点之前吃不到东西会发火,我知道这世界上有那么多遗憾,而我也不过仅仅是失去了你。可一想到以后都不能跟你说话,我觉得我的心都碎了。

原来两个人肩并肩一起走,也会走散。

圣诞节互换礼物的时候我收到一封信,主人公是一个自称少年的男生。少年在那一年不顾家里人的反对,带着心爱的女生和父母决裂。

穷途末路的时候,他对女生说:"我想让你过上好的生活,不能让你跟着我一起受罪,要不我去当兵吧,回来以后我就娶你,我们再也不分开。"

少年说:"曾经我以为她就是我的全部,我们不顾家人的反对,我们一起去陌生的城市生活。我们就是家人,像新婚的夫妻一样规划着我们的未来。

"可最后,我们还是分手了。"

你是我穷极一生也没做完的一场梦，而我是你一念之间就刮过的一阵风。曾经我也以为我们能在一起很久很久。

当你认真谈过一段感情，最后却分手了，就像海里的鱼喜欢天上的鸟，女孩在橱窗外看到不合尺寸的婚纱。我阴差阳错得到了一张机票，地址是你心里，我穿着我最爱的裙子，拿着我的行李箱坐上了这趟航班，可是眼看着就要抵达目的地了，却被你勒令折返，我和我的花裙子都遗憾地哭出声来。

你是年少的欢喜，垂暮的回忆，一辈子的珍惜，以及可惜。

你不该落我心上，又退我千丈

> 我宁愿从未遇到过你，
> 也不至于现在要流着泪忘记。

都说二十一天可以养成一个习惯，喜欢一个人也是。一个陌生人慢慢变成自己生命中的一部分，从恋恋不舍到念念不忘。

当潜意识开始依赖，放弃就像戒毒，很长一段时间无法从他离开的事实中抽离出来。

刚分手时，我每天单曲循环金海心的《飞走了》：

"飞走了，飞走了，你和你那些本不属于这里的行李。为什么，为什么，我以为心该空了，却满满地装着不舍。"

昨晚睡觉前收到小A的短信：

"乔儿，今天我和他分开了。风是冷的，眼眶是热的，温度是暖的，心是寒的。"

三个月的时间，小A和他从相识、相知到相爱，到最后和平分手。

你塞满了我整个过去,却又缺席我的未来。

小 A 说她很羡慕那些可以对着喜欢的人撒娇,说着"我不,我就要"也不会被嫌烦,甚至还让人觉得有点楚楚可怜的女孩,像她那么要强的人,连分手也只能被动地说"好"。

"我们从朋友到恋人,再到最后分手,被动开始,被动结束。很多事没办法和别人说,但心里真的不舒服。和他分开后我把所有联系方式都删了,即使这样还是没能忍住想他。编辑好的短信,删了又删,哪怕我知道他根本收不到,也还是怕打扰到他。"

我是寂寞海里的一条鱼,本以为你是我的打捞人,你却让我沉到更深的海底。

如果当初只做朋友,该有多好。

我总是撒谎。我说我有一米六五,我说我要乖乖吃饭,我说穿裙子一点都不冷,我说我怎么可能吃醋,我说我早就不喜欢你了。

以前上学的时候最讨厌的就是学古诗词,总觉得简简单单的一句话,非要弄得那么复杂。

现在终于能理解李白的那首《秋风词》:

长相思长相忆,
短相思兮无穷及。
早知如此绊人心,
何如当初莫相识。

我不是李白，没有一肚子墨水。只是在分开时，删除好友前，忍住了要夺眶而出的泪水，颤抖着发送了那句早就编辑好的："如果真的能回到过去，我宁愿从来没有认识过你。"

　　我宁愿从未遇到过你，也好过现在要流着泪忘记。

　　如果你陪伴我的路程有限，那我宁愿与你再晚几年相遇；如果你不能陪我到最后，别半路闯进我的生活。我能忍受孤独，却不能忍受失去。

　　如果不曾见过阳光，我本可以忍受黑暗。

我不想，从你的全世界路过

人面不知何处去，
桃花是你，春风也是你。

在电影院看《从你的全世界路过》，比上次看《我的少女时代》好多了，只是躲在洗手间哭了半个小时，哭累了，就回来了。

电影泪点很多，故事很多，心酸很多，可我只记住了两句话：

"燕子，没有你我怎么活啊？"

"如果从你的全世界路过，那我在终点等你。"

人面不知何处去，桃花是你，春风也是你。

有人在后台留言说：

"你说你累了我就放手，你喜欢她，我痛到窒息还是选择不打扰。我们在一起三年，你跟她才认识半年。亲爱的，你玩够了就回来好不好，我一直都在等你回头。

"如果时光倒流，我依然会选择认识你，我还是会爱上你。如果你真的回来,我是应该跟你说'好久不见'还是'欢迎回来'?"

我们都像猪头那样爱过一个人,像电影里那样不知道"没有你我怎么活"。

不是去到南方就能躲掉风霜,没有你在身旁去哪里都是流浪,没有住进你的心房都是客死他乡。

喜欢是选择,爱是非你不可。

你带我走吧,只要能在你身边,远近我都能接受。

之前我在公众号做过一次投票:

"如果能重新选择一次,你深知自己是备胎,深情会被辜负,是仍然舍不得离开,还是及时止损,告别熟悉的名字,离开年轻气盛的故事。"

大多数人的选择是"只要他伸手,还是会跟他走"。

爱情最折磨人的不是感人的过去,而是站在回忆里还以为回得去。

耳机里还是那首你喜欢而我还没学会唱的歌,手机屏幕上的照片还是仍然深爱着却没有回来的人。多么可惜,我们最终走散在茫茫人海,曾以为念念不忘就会有希望,到头来却还是天各一方,各自流浪。

如果你会回来就好了,我至少可以跟你说:"我真的真的好想你。"要是能再抱住你的话,我所有的悲伤都在那一刻融化。没有你陪伴的余生,我是真的真的真的很难过。

思念如马,自别离,未停蹄。

你来的时候我毫无防备，你走的时候我措手不及。明知道是陷阱却还是想为你跳，明知道是套路却还是对你动情，明知道自己是飞蛾却还是想要扑向你。我不介意你就这么离去，我介意的是自己如此频繁地想起你。

我说服自己，其实没有多想你，只是在这暗无天日的生活里怀念无忧无虑无话不说的过去，感叹现在如履薄冰，遥隔千里；我说服自己，真的不是在想你，只是每次梦到你之后，凉透骨的失落总不肯散去。你呼吸过的空气我都视它为敌，然而我并没有多想你。

最难过的不是你的离开，而是明知道你已经走了，我还守在原地，迟迟不肯改变方向，哭笑不得地等你回来。我一个人排练着久别重逢的场景，一个人将这独角戏演得热泪盈眶。

你不要在没有我的地方，把我忘得太干净。

这个世界这么大，哪里都是风景。但这个世界那么大，我也只是想留在你身边和你说说话，想和你分享我身边发生的全部，包括夜里醒来时的口渴，晚餐弄到衬衣上的污渍，巷子里那只很凶的花猫，还有你不在身边时的难过。

这世界最美的情话莫过于，去过这么多地方，还是最想待在你身旁。我给你时间去流浪，你要记得回家的路。我并不害怕暂时分开，真正的爱情会绕一大圈后再回来，到那时，我也可以笑着拥抱你说："看，你还是我的。"

我爱你，我等你，你要回来。

这座城市的风很大，孤独的人总是晚回家。

你曾说过我是你的全天下，为什么最后我还是四海为家。

我真希望你是乞丐，这样我就能像小说里写的那样，把你捡回家，占为己有。

你是我闭口不提的禁忌

> 不是我不往前走,
> 而是我总觉得,我们还没结束。

我本来是准备在家写文章的,却被一个电话打乱了计划:"乔,出来喝酒。"

我是一个对朋友有求必应的人,于是就去了。在酒吧看到她,才一月不见,眼前这个曾是乖乖女的姑娘,已经面目全非。

深V连衣裙香肩小露,性感红唇下烟雾缭绕,还有几个小鲜肉左拥右抱。

她曾经是我们圈子里公认的"中国好女友",是所有男人梦寐以求的出得厅堂进得厨房的好姑娘。

尽管和一个比自己差了八百条大街的男人在一起,她仍然无怨无悔,全心全意付出,结果还是毁在渣男手上。

酒吧散场以后我送她回家,她把头埋在我肩膀上,边哭边说:

"有些故事没人听，我只能用笙歌烟酒来麻醉自己了。我真的没有想他，只是白天我可以装作若无其事，可以微笑着面对所有人，可是那些躲在被窝里失声痛哭的夜，太难熬了。"

他离开后我不是没有人陪，只是灯火和太阳，不一样。

你曾经也是我的欢喜，如今却成了我闭口不提的禁忌。

我无数次跟新朋友提起你的名字、我们的故事。人们早已听腻，你都离开那么久了，我不知道自己虚张声势给谁看。无论我伪装得多强大，你仍然是我的弱点。我也无数次想找个人随便恋爱，却发现根本不可能。删了好友删了电话，取消了微博特别关注，我以为删掉一切就可以忘掉我们的感情，可还是忍不住偷偷进你的微博，只因为微博没有访客记录。

后来我瞒着所有人继续爱你。

戒不掉心里的瘾，对你没有抵抗力。

你累了就回来吧，我还不想喜欢别人。

对不起，我撒谎了。其实我每天都在想你。

我好想你，好想你，却不能露痕迹。

以前我想你，我会奔向你，说很多情话。后来我想你，思念都藏在草稿箱里，生怕你知道，又担心你不知道。现在我想你，我会戴上耳机单曲循环一首情歌，关了手机倒头就睡。

想你的夜慢慢熬，逃不开纠缠的牢。

分开后我尝试开始新的生活，试着喝不同的饮料，也试着做没有你的梦。我梦到我路过一家贩卖二手梦的商店,陌生人的梦被装在小瓶子里匿名出售,我从十万个瓶子里随手选了一瓶喝下去。梦到的,还是你。

老天太不公平,你的梦里有蘑菇鱼,有会飞的松鼠,有会喷火的鲸鱼;而我的梦里,只有你。在一起的时候我总梦到你和别人在一起,现在,却整夜整夜地梦到你还在我身边。

有你的梦里,就算哭了,也不愿意醒来。

我的生活充满了和你有关的回忆,每每靠近都满城风雨。

还好我们没有一起去过太多地方,走过太多路。

还好我们没有一起听过太多歌,看过太多电影。

还好我们没有一起吃过太多东西,玩过太多游戏。

还好我们没有一起发生太多故事,留下太多回忆。

其实你也并没有那么好,并没有多特别。

可是为什么,我就是没办法把你忘掉。我好想你,你知不知道?

你终究，不是我的了

很多关系到最后也都只是相识一场。

陈羽凡在写给白百何的信中说："你终究不是我的了。"我突然就红了眼眶。

每段恋爱的开始都会有想陪这个人度过一生的念头。两个人在一起经历了很多大城小事，不管是好的、坏的、歇斯底里的还是无可理喻的，都是一起走过的痕迹。

很久之前在微博上看过一段话：

我会和你吵架但我不会轻易离开你，
我会故意气你但我就是想看你吃醋，
我会黏着你但我不会死缠着你，
我会管着你但我不想有机会失去你，
我会口是心非，

但希望你能看透我的心,

我生气也好,冷淡也好,发疯也罢,

这些只能证明我想对你说的三个字:我爱你。

那个幻想过吵吵闹闹一起过完下半辈子的人,最后怎么说走就走了呢?广告总是在最精彩的时候出现,就像你在我爱你最深的时候离开。

一生之中有过客千千万,唯独不想错过你。

明知道你不再属于我,我却还贪恋那份温柔。

导致分手的原因,从来都不是一两天的事。

山吉就是因为太后知后觉,才被分手的。他有一个相恋多年的女朋友,对方是那种出得厅堂进得厨房的女神。两个人住在一起,她也把山吉的饮食起居照料得妥妥的。所以大伙们都会拿他调侃说:"一废柴泡了一女神还顺便找了妈。"

可就在昨天,山吉打电话约我喝酒,告诉我他失恋了。

对方提出分手后,把他电话和微信都拉黑了。

"乔,我真的很爱她。可她再也不会回来了,我该怎么办?"

那是我第一次看见他哭。各自回家后,他发了一条长微博:

下班后回到家再也没有你的拥抱,

喝酒后回到家再也没有热乎乎的蜂蜜水,

我们那曾经的家到处都是与你有关的回忆,
可再也看不到你的身影,
那一刻我才彻底明白,
你终究,不是我的了。

"你离开后,我就像个无家可归的小孩。"
那种感觉就像自己住了很久的房子突然被拆了,想回家却又不知道该往哪走。
流星不属于大海,就像你不属于我。
爱你是一场宿醉,多想醒来以后什么都不记得。
我们常常去怀念那些过去的事情,不是因为它有多美好,只是因为它再也回不来了。

巨蟹是一个特别念旧的星座,琳儿也是其中一个。本应该步入婚姻殿堂的两个人,最终还是变成了两条再无交集的平行线。前些天她看完《新娘不是我,但是新郎我爱过》,大半夜哭得稀里哗啦然后跑来我家。一开门她就冲上来抱住我说心疼我,也更心疼没办法洒脱忘记过去的自己。

琳儿和男朋友在一起五年,从懵懂相伴到成熟长大。眼看就要从校服换成婚纱,最后还是变成了对方生命中无谓的甲乙丙丁。我没办法安慰她,因为那是最难熬的日子,只能默默抱着她,听她说那些心底的难过。

"你曾经信誓旦旦说会牵着我走过红毯,你会在神父面前深情地望着我的眼眸然后认认真真地说'我愿意',我们一起幻想过结婚以后的所有细节,幻想过我每天把饭煮好窝在沙发上等你回家,可现在等你回家的人,再也不会是我了。"

你牵起的手也不再是我,和你白头到老的人,也不再是我。

"你终究不是我的了。"

恋爱有时候就是这样。当我以为我们会牵手走完一生,满心欢喜地计划着未来时,你却穿着一件最普通的衣服,推开了家里的大门,从此再也没有回来过。

你是一不小心闯入我的世界却又落荒而逃的人。

我这辈子淋过最大的雨,是你在烈日里的不回头。

"你终究不是我的了。"

我和 Sunshine 先生说,我希望这辈子也不要说出这句话。

和他在一起之前,我就知道他曾是玩世不恭的浪子。那时我还在微博发了一段话:"我不怕你在外面吃喝嫖赌,也不怕你欠下三五个亿。我只怕你最后跑路时带着的人,不是我。"

怕自己一次又一次,倾尽所有的付出,最后换来的又是一句"再见"。

"可最后还是连一句不咸不淡的问候都没有了。"

我还是喜欢你,尽管不能在一起

> 多希望你能知道我并不洒脱,
> 然后说你也很想我。

其实我什么都不怕,除了花很久时间陪一个人长大,教他成熟、懂事,而最后享受这个成果的人,并不是我。

和 A 君聊到感情时,我小心翼翼地试探问他后来为什么和她分手。

A 君和她当初是学校里最被看好的一对。有一次和她聊天,她说对方永远不会离开时的那种笃定,仿佛早已决定这辈子都只跟他一个人走。

"仔细想想谁都没有做错什么,可就是分开了。我们之间没有什么原则性的问题,没有出轨,没有喜欢上其他人,只是两人面临异地,再加上父母不同意,就分开了。

"我还是很喜欢她。尽管,不能在一起了。"

看着年少时那个热血少年如今熟练抽烟的动作，不禁唏嘘感慨。

其实很多感情就是这样，"我还是很喜欢你，可我们却不能在一起了。"很多以为即将开花结果的感情，在最后一步垮掉了。

那种崩塌很可怕，是再也无法修复的创伤，每每回忆起都心如刀割。离开时念着对方的好，不胡搅蛮缠，也没有大哭大闹。因为彼此都知道这段感情没有回旋的余地，不是一方出轨、一方背叛，只是好像命运的绳索牵着两个人走，走着走着就开始背道而驰。

说不爱了是假的，说能放下也是假的。可就算两个人彼此相爱，也没办法再继续携手前行。

那种无力挫败感就像在沼泽地里挣扎，越想往上就陷得越深，只能选择分道扬镳。

我还是很喜欢你，尽管我们不能在一起。

多希望你能知道我不洒脱，然后说你也很想我。

这世上有太多我们无法抗拒的事情。爱情在现实面前，往往都不堪一击。

《新娘不是我，但是新郎我爱过》发布后，有人在留言里提出质疑：

"如果你真的那么爱他，当初为什么不回国？"

那些我们不得不去面对的现实、不得不做出的决定,打碎牙往肚子里咽的同时还要笑着主动推开那个做梦都期待的未来。我想只有经历过的人才能明白到底有多扎心吧。

曾经梦想一人仗剑天涯走四方,后来因为手机没电就不去了。

周星驰的《喜剧之王》告诉我们,不应该在一无所有的年纪喜欢上想承诺未来的人。

那种没办法与现实抗衡的无力感,那些言不由衷难以启齿的软弱,那些想说却又吞回去的话,那些没来得及说的"别走"。

热情就像瓶子的水,有多少用多少,用完了拉倒。

即使和你在一起的几率是1%,对我给予你99%的喜欢,也没有丝毫影响。

如果我喜欢一个人,心里肯定再也装不下别人。

林宥嘉在《浪费》中唱:

没关系你也不用给我机会,
反正我还有一生可以浪费,
我就剩这么一点倔,称得上我的优点。
没关系你也不用对我惭愧,
也许我根本喜欢被你浪费,
就算我再去努力爱上谁,到头来也是白费。

喜欢一个人没有错,可不能在一起也没有错。

喜欢的衣服断货了,我不会找另外一件来代替;偏爱口味的饮料买不到,我也不会买矿泉水将就。

即使我喜欢的那个人对我说:"抱歉,我不喜欢你。"我也不想爱别人,还是会继续喜欢他。

就像歌词里唱的一样:"没关系我还年轻,有大把时间去爱你。"

岁月太漫长了,一生中又能奋不顾身地爱几次,为什么要被"结果"左右?

感情这种东西从来没有理智可讲。由心而来的东西,就顺着心去吧。

我们每天都会遇到很多人。那么优秀的你,爱慕者肯定不止我一个。

有时在想,如果没有遇到你的话,向来三分钟热度的我,肯定不会喜欢一个人这么久。可如果没有你的话,我也会失去一段美好又值得回忆的经历。所以即使再重来一次,我还是会选择奔向你。

就算你还是不喜欢我,就算我依旧不能和你在一起,就算别人都嘲笑我是个傻瓜,我还是会选择你。因为我爱的不止是你,还有那时奋不顾身主动追求爱情的自己。

从前车水马龙,爱是笔墨书信,我只爱你。

现在人山人海，你跑得再远也走不出我的心。

即使你不会爱我，即使没结果，我还是会喜欢你，尽管我们不能在一起。

说一生伴你左右的人，还在吗

有些人坐飞机就能见到，
有些人要坐时光机才能见到。

所有感情的开始都是海誓山盟，但结局往往事与愿违。

在朋友圈看到学长的一条状态："如果当初没分手的话，我俩现在应该都订婚了吧。"

感情就像电影一样，剧情跌宕起伏。这位大我两届的学长，最终还是和在一起七年之久的学姐渐行渐远，分手后整整颓废了一年多，愣是没走出来。

"我从埋怨她、恨她到想她，直到最后才慢慢明白，没有谁有义务和责任，一定要陪谁走到尽头。"

尽管知道天下没有不散的宴席，但到了路口，心里面还是会悄悄地说："你留下来好不好，你可不可以不要走？"

相爱时许给对方的承诺是真的，最后想提早退场，也是真的。

十七岁那年信誓旦旦要和你携手一生的人，是否是你白发苍苍佝偻着腰时挽着的那个？

爱情就像科学家探索宇宙的奥秘，即使知道希望渺茫，还是选择锲而不舍。时钟上的指针越转越快，爱情却只走了一半。

有些人坐飞机就能见到，有些人要坐时光机才能见到。

那些扬言说会一直伴在你左右的人，还在吗？

前几天回深圳和老朋友叙旧，说起几年前大家一起吃喝玩乐的日子。当时我还幸灾乐祸地说："当年你们的丑照可都在我 QQ 空间呢。"接着去空间翻相册，翻着翻着就看到了和初恋在一起的回忆：我们一起去过的地方，换过的情侣头像，签名截图，嬉笑着互相挠痒痒经过的老街，趁他喝醉偷偷在他脸上恶搞的杰作……

突然发现当初的人们，只能停留在合照里。

那个当初说会陪自己走完一生，就连下雨天吵着架也会为我撑伞的人，就像转瞬即逝的烟火，绚烂过后只留下残破的碎片。

装睡的人叫不醒，想走的人留不住。

电影《摆渡人》里，陈末说："原来两个人肩并肩一起走，也会走散。"

人的一生大概就是一个不断和别人挥手告别的过程，时间会把对的人留在最后。最怕他路过你的生命，什么都没有留下，却带走了你的心。

烟花只是一瞬，我却仰头等了一世。

你像风来了又走，我的心满了又空。

我们之间的关系多像一场游戏。当我练到满级，你却删了游戏。

这人世间本就是寒来暑往，日出日落，人聚人散。很多时候我们都在不断承诺也在不断失去。无论最后分开的场景有多不堪，那些一起经历过的瞬间都刻骨铭心。

无论是谁先决定松开手，当初一起对着月光许下但愿人长久时，是真的想在很多年后醒来时你还在身边。很多事情没有来日方长，很多人也只会乍然离场。

十年前，那个从背后拿笔戳你后背，喜欢揪你马尾辫的人，还在吗？

五年前，那个和你一起倒数跨年的人，还能再说一句新年快乐吗？

三年前，那个连孩子名字都想好了的人，现在又在谁的身边呢？

时间就像一把锋利的剪刀，轻而易举地把绑在一条红线上的你我拆散。就算送君千里终须一别，我还是想再多陪你走一程。我把手表往回拨，把日历往前翻，可你不会再出现。

那个说要和你共度余生的人，如今还在你身边吗？

当初陪你彻夜聊天的人，现在躺在谁的身旁？

曾经不顾形象任你摆布的人，还能偷偷给他画鬼脸吗？

每次被你气哭拿你衣角擦鼻涕的人，还在帮你洗衣服吗？

说会一直陪伴在你身边的人，最终流落在何方？

记忆里的那个少年就像一包已经抽完的红塔山，喜欢得再上瘾，也要戒掉。

不是陪你喝过雪花的人，就能一起勇闯天涯。

你给过的快乐，都陪着我难过

我的喜欢还在，
我的心却被偷走了。

人总是这样，始终学不会告别。那些半路闯进生活的人，总想贯穿整个未来，好像这样快乐就可以无限延续。可一旦分开，就像被废去武功的侠士，只剩下一副躯壳。

苏苏失恋后，把所有关于他的东西都扔了。对着装满回忆的垃圾桶，一滴眼泪都没流。

然而没多久，她就开始经常性地神情恍惚、情绪低落，有时眼眶莫名就红了。老刘陪了苏苏三年，她却需要用无数个三年去消磨掉所有关于他的痕迹，撕心裂肺的情话，柔情似水的瞬间……

余春娇对 Sam 说：

"他是一个特别有趣的人，我真的以为我们不可能在一起的。我想忘记他，后来却发现不知不觉中变成了另一个他。我真不知道他从什么时候开始影响我这么深。"

Sam 喜欢春娇的有趣，可她那些奇怪的想法都来自于永远长不大的志明。曾经那些一起哭过笑过打打闹闹的日子，在不知不觉中成了她生活的一部分。

你早已消散在人海中，身影却散落于我四周。梦里梦外、点点滴滴都是你，可日日夜夜终不见你。你就像电脑回收站里的文件，不想看到却又不忍清空。爱还在，回忆还在，只是换成另一种方式，存在于我的生活之中。

以前你给过的快乐，现在都陪着我难过。我的喜欢还在，但习惯却被偷走了。

我们在成长中学会了告别，却在洒脱后输给了想念。每每到了最后该告别的时候，总喜欢做些仪式感的事情，去假装遗忘一个人。清空了手机相册，拉黑了联系方式。可只有自己知道，有多少失眠的夜里试图拨通那个烂熟于心的号码，对他说一句："我好想你。"

和朋友一起吃饭，点菜时聊起饮食禁忌。

她说有些人挑食，是天生抗拒，而有些人，是被他人影响。她不吃葱姜蒜，是因为前任不喜欢，索性自己也戒了。

朋友说完笑了笑：

"别说我矫情，虽然我们已经分开了这么久，可我还是没办法把他忘掉，越想忘，就记得越清晰……"

我不爱吃西瓜，可你喜欢。和你分开后，每次路过水果店都想捧一个回家。我抗拒坐直梯，但你在身边我就很安心，你走之后，我又开始抗拒，却不再是恐惧，而是每次在封闭的空间，右手总会下意识想牵你的手。

第一次约会看的电影，经常去的那家餐厅，嘻嘻哈哈一起笑过的镜头，现在只剩下泛红的眼眶。那家我们都辣到拼命喝水的火锅店，现在去喝口白开水都会熏到掉眼泪。删掉所有照片，还是忘不掉你的眉眼。删掉联系方式，也没能戒掉对你的想念。

那些笑过闹过快乐过幸福过的曾经，在你离开后的每个日夜里不断折磨我，侵蚀我全身每一个细胞。喜欢你没有那么多天，用的情却像攒了好多年。难以抑制，泛滥成灾。

我本来就不快乐，如今还要因为你难过。我也不想堕落，可是我没有快乐。

"这里荒芜寸草不生，后来你来这走了一遭，奇迹般万物生长。"

如果当初少看你一眼，减少对你无休止的追求，守住心里最后一道防线，现在是不是就不会这么难过？在遇到你之前，我曾单枪匹马迎接过海啸、惊雷、山鬼以及心底的暗戾，以天地为不屑，以尘间为嗤鼻。自诩无羁无绊，图个潇洒肆意，却唯独没想过你的出现，让我彻底乱了阵脚，不能自己。

如果能重新选择，我宁愿从未认识过你，也好过现在要忍受"想你"的煎熬。每次你来梦里一趟，醒来我都得缓上好久。你是我人生长河里最重要的人，而我在你眼里却无足轻重。

说不出到底有多爱你，也并不是没有你就活不下去。只是在你之后，我就穷途末路，再也遇不到下一个你。难过的不是你不爱我，而是没想到你直接走人。

我知道爱情这种东西，逃不掉分离，逃不掉变心，逃不掉死活不放手的执著，逃不掉我恨你。可我无法像电脑一样一个右键删除，就能清空对你所有的记忆。

"以前你给过的快乐，现在都陪着我难过。"

你认识南墙吗,我撞了好多年了

你是我义无反顾撞过的南墙,
黄粱一梦的空欢喜一场。

  爱情真是个神奇的东西,明知道它会带来无尽伤痛,我们还是义无反顾地向它冲过去。有些事情明明知道没有结果,可还是会有坚持下去的冲动。有些故事一开始就知道结局,但因为是他,哪怕是重蹈覆辙,也会飞蛾扑火再来一次。
  朋友,你认识南墙吗?我撞了好多年了。
  每个人都有一段刻骨铭心的故事,每个故事都以为能有一个完美的结局。
  "我等了他五年,爱了他五年,恨了他五年,怨了他五年,但我从未停止过爱他。"
  这五年里,小蚊子遇到过很多人,身材像他,眼睛像他,性格像他,可都不是他。

"我没有在等他回头啊,我只是还没办法喜欢上别人。"

爱情最折磨人的不是别离,而是那些刻骨铭心的回忆,总让人以为还站在原地,一切都回得去。

你是深山的游客,边走边爱,四海为家,生性多情。我是集市里的养猫者,不看路人,不换爱人。

我还是喜欢你,像风走了八百里,不问归期。

你是转瞬即逝的光,是再也靠不到的肩膀,是我义无反顾撞过的南墙,黄粱一梦的空欢喜一场,是时光里的不可逆,回忆里的不能愈。

小蚊子说,其实他也并没有那么好,并没有多特别,只是当初那些回忆太刻骨铭心,太难忘。

我们一起吃过的小吃,逛过的公园,去过的电影院游乐场,听过的歌,玩过的游戏⋯⋯

"他的名字不好听,可他笑不笑我都失了心。"

爱情就像"点开全文",明知道里面有陷阱,可还是奋不顾身往前冲。很多时候都是自己挖了个坑,义无反顾地跳进去,坑是自己挖的,跳也是自己跳的,最后爬不出来的也是自己。明明最讨厌洗衣服,还依然钟爱白色,就像我知道我们不会有结果,可还是像疯了一样爱你。

爱情里总会有人撞南墙。没关系,想撞就撞吧,撞完之后才能体会到,原来心疼比头疼更难受。

"每一次为你的义无反顾,都是我的万劫不复。"

我心疼得厉害,你带我去医院吧

早知如此绊人心,
何如当初莫相识。

"他离开后,心仿佛被人撕开了一样,疼得厉害。"

小希说完这句话,一口饮尽杯中酒,抬头时眼中有泪光闪烁。我举起酒杯,想起了刚失恋时的自己,拖着行李箱从他的城市离开的那天,万念俱灰,没有心情写文章,只推送了一张电影截图:"我心疼得厉害,你带我去医院吧。"

失去一个人的感觉,就像有人在你心里放了一台碎纸机。废纸进入机器时发出冰冷的沙沙声,但在心里,除了疼,没有任何症状。

萧煌奇唱道:"多少日子盖的罗马,你用一夜拆了城墙。"大概就是这种感觉吧。

微信里几十个 G 的聊天记录,攒了半年多,但清理的时候只需要一键卸载。卸载比安装快,失去比得到快。

世上所有的感情都是一样的剧情。开头一定是甜香四溢，百利无一害，结果不是要你的命，就是要你的心。我心疼得厉害，你带我去医院吧。

抱紧你的我比国王富有，失去你的我比乞丐落魄。

小希和男朋友在一起五年，熬过了高考，熬过了异地。从涉世未深的小姑娘到成熟干练的小女人，从草莓味的润唇膏到性感的磨砂红，看到小希给我发来那段密密麻麻的文字时，我的心仿佛被一万根针扎了进去。

"怎么会不痛？五年啊，我们计划好的将来，一下子失去方向，我被丢在陌生的城市，而这里全是我们的回忆。我知道没人能教会我怎么放下，只有我自己，熬过一个又一个日夜。"

怎么会不痛？

信誓旦旦用自己的一生做赌注，抱着稳赢的决心，结果却输得一塌糊涂。

怎么会不痛？

满心欢喜地策划好，两个人一起牵手走向的未来，最后就像钢笔里的墨水，用着用着就没了。

我们走着走着也就散了。像迷路的猫，在十字路口失了方向。像拿着指南针的我，在你心里失了航。

五年，一千八百多天，四千多个小时，被他一句"不爱了"化为乌有。我们从素未谋面的路人到携手前行的恋人，又从亲密无间、无话不说，到四目相对、无话可说，你独独不该落在心上又退我千丈。

你，从一个陌生人，变成了让我无法停止想念的人。

你是往事的遗书，是落日的余情未了，是路人脚下不停生长的风，是我写了一半的诗，不许别人改一个字。

5月20日那天，胡子在朋友圈发了一条状态："为了你，我和多少人淡了关系。结果你走了，他们也没了。"

胡子谈恋爱之前整天就知道往酒吧里钻，一到礼拜天就各种组局，可自谈了恋爱以后，整个人像人间蒸发了一样。"如果胡大爷没接电话没回信息，一定是Face的音浪太强，卡座上的妹子太正了。"

可后来再也没有看到他在群里组织活动。

"她不喜欢我出去玩，我推掉了所有的局整天在家陪着她。后来好多人都说我不给面子，重色轻友，有很多直接不联系了。"

那天我和他通了很久的电话，听他从开始讲到最后，听到啥时候睡着都不记得。第二天醒来看到几百分钟的通话记录，以及他在我睡着后留下的这句话。

后来孤街没了浪人，深巷没了野猫，只剩下空气中弥漫着孤独的味道。

风吹散的情话终究沙哑，已经走远的人不会回家，有的风景只能路过，却不能收藏，就像有的人只能遇见，却不能久伴。

尽管知道，这条路早已走到了尽头，可我，还是很喜欢你，就像你妈打你，不讲道理，像贪污的老书记，判了无期，像风走了八百里，不问归期。

你的眼睛里有山川,有花草鸟香,有诗歌,还有远方。而我目光短浅,只有你。

"我心疼得厉害,你带我去医院吧。"

我不想用离开教你如何去珍惜

爱情不是等你失去后才懂得怎么去珍惜的。

每个女生都是余春娇,可每个女生未必都会那么幸运,遇到那个会长大的"张志明"。

电影《春娇救志明》散场时,我听到有个女生问同伴:"你哭了吗?"

"没有,可能我没有这样的情感经历吧。"

从电影院出来,杭州晚上的风吹得我眼睛泛红。忍着不让眼泪掉下来的我,发了两条微信给 Sunshine 先生:

"我觉得我好像余春娇,而你就是那个还没长大的张志明。"

为了看这部电影,我把前两部都刷了一遍。余春娇和张志明分分合合纠缠了八年的感情终于在最后这一部中,走向了幸福的未来。

余春娇用了一次又一次的离开教会张志明长大,如何去爱一个人,如何去珍惜一段感情。然而电影始终是电影,现实,也永远是鲜血淋漓的现实。

Hi，我的"张志明"，我不想用离开，教你如何长大。

爱，是什么都介意，又什么都能原谅。

你有喜欢过一个人吗？从满心欢喜到绝望透顶。

春娇曾经对志明说：

"我喜欢你，我真的很喜欢你，喜欢到我自己都害怕。"

"张志明，你就当做好事也好，当放我一条生路也好。不要再来找我，真的不要再来了。我是很喜欢你，可是那又怎样，没有用的嘛。我懂的，真的懂的。有些事根本就不可以强求。"

当张志明意识到这一次是真的失去她时，再次把春娇追了回来。

《春娇救志明》里春娇又一次说出了那句："不如算了吧。"

这一刻的余春娇，已经对张志明彻底死心了。

就在前两天，我对 Sunshine 先生说出了同样的话："我们分手吧。"

我和他在一起一百多天，三个多月。在外人看来，我们是模范情侣甚至异国恋的楷模，可过程的心酸，只有我自己清楚。他是长不大的"张志明"，永远只会站在自己的位置考虑事情。本来遥隔千里的恋情对于女生来说就很没有安全感，加上一个不会考虑对方感受的恋人，这段路，真的走得很艰辛。

谁都想在爱情里，做个可以撒泼打滚的小女孩。

春娇对志明说：

"我是一个女人。我希望能有个男人让我依靠,而不是你这种永远长不大的。每一次到了最紧要的关头,你就会抛弃所有的东西,牺牲所有的东西,满足你自己,成全你自己。"

我的 Sunshine 先生就是翻版的"张志明",永远考虑自己的感受,觉得我怎样都不会生气。信息晚一点回没关系,反正我不会生气,反正我不会离开他。但我说出分手后他意识到了自己的错误,就像张志明在余春娇一次次的离开后学会了如何去珍惜。

每个女生都有可能是余春娇,但未必遇得上会长大的张志明。也不是每个张志明,都会泊岸。

爱情,不是等你失去后才懂得怎么去珍惜的。

真正的道别是平静而体谅的,比如你喜欢安静,我离开时,关门的声音也很轻。

七年之痒仿佛是每段感情的一个坎。有的小两口能携手共同走过去,有的只能在这道坎中,你向左走,我向右走。

M 先生和 S 小姐就没能走过这道坎。我和 S 小姐在一次故事分享会上认识,之后互换了联系方式,有一天她看完我的文章后找我聊天,说起了她那段刻苦铭心的故事。感情的开始都像蜜糖一样甜,结束的时候像苦瓜一样苦。

故事的开始于他的一句:"我会让你成为世界上最幸福的人。"

也结束于他的一句:"离开我以后你会遇到更好的。"

她眼睛泛着泪光继续说:"如果可以,我并不想用离开教会你如何去爱、去珍惜,我宁愿你做的所有事情,故事里的女主角永远都是我。"

讲真,没有任何一个女生愿意白谈一段没有结果的恋爱,既浪费时间又浪费精力。更不用说那些谈了好几年,把最美好的青春都献给对方的人了。

能好好在一起绝不轻易说分手。他不懂浪漫,我可以教他;他不懂哄女孩子,我可以教他;他不懂体贴,我可以教他。

前提是,他必须用在我身上,而不是用在其他女生身上。

"如果有那么一天,你遇到一个人。你爱她像我爱你一样,那你就知道我有多累了。选择握紧你的手继续前行是因为爱你,对你心存依赖。选择头也不回地离开,是因为失望攒够了。"

这是 S 小姐给他发的最后一条短信,接着喝完手里的那杯威士忌不加冰,就挥挥手离开了。

历史总是那么惊人的相似,每个女生都希望在爱情里碰到一个"爹"。可到后来遇到的都是长不大的"儿子"。你犯了错,我可以原谅一次、两次,但是事不过三。

"我是你一颗糖就能收买的女孩,也是你十座金山都换不回的姑娘。"

春风得意时的浪子回头,最珍贵;穷途末路时的认错悔改,最虚伪。

别让我用离开的方式,教你如何去珍惜。

电影最后春娇对志明说:

"外星人说我们在一起的几率是 50%。"

"我想赌一把。"

这世上每对情侣走到最后的几率都是 50%，分手后复合的几率是 83%，但走到最后的只有 3%。

爱的确什么都可以原谅，但你能不能趁这杯水还热的时候，学会如何去珍惜。

"而不是等水冷了，才想起过去让你夜里不会冷的温存。"

很高兴你能来,也不遗憾你离开

> 注定风是不羁的旅人,
> 你我也不过是这一季的过客。

我发了两个话题,一个在朋友圈,一个在公众号文章末尾,《分手后,还能不能做朋友》和《分手后,你会不会选择和好如初》,每个人心里都有自己的答案。

不管是哪一种,从作出选择的那一刻开始,我们就输了。有人说谁先动心,谁就输了。可说这些话的人不知道,爱到收不住,才是真的输。深爱过的人,多看一眼都忍不住想拥有。《分手以后,还能不能做朋友》这个话题就好像"到底是先有鸡还是先有蛋"一样,永远找不到答案。

"又把我们的故事讲了一遍,她问我疼吗。疼啊,心脏最深的地方被无数根针,扎了一遍又一遍,怎么能不疼,可我能怎么办,总不能把心脏挖出来吧。别人喜欢你,我可以抢回来,可你喜欢别人,你要我怎么抢?"

"要不你把我删了吧。"

"嗯?"

"我说要不你把我删了吧。"

"还留着干啥,继续纠缠下去吗?"

"你知道的,只要你在这儿,我就不会消停,你希望这样吗?别让我变成自己曾经撕过的那种'现任的前任'。所以,我们都放过彼此吧。"

"就不能做朋友吗?"

"你放我走吧。"

"几号的机票?"

"你就当我走了,实在不行你就当我死了吧。"

"我的心要不回,就送你。"

她说分手以后再有多一分的情感,都是贱。

老死不相往来的陌生,算不算我送你的长情。

所以分开以后该干啥就干啥去,从此分道扬镳,天各一方,各自生欢。分手后不能做朋友,因为很容易重蹈覆辙。你能不能回头看看我,也许我才是对的人。

"分手以后,你会不会选择复合?"

他说因为是她,所以会。因为想她,所以愿意。虽然怕重蹈覆辙,但因为喜欢所以甘愿。

她说会,都说敬往事一杯酒再爱也别回头。实际上那个人只要回来牵你的手,你还是选择回头,不是吗?

他说如果时光可以倒流我还是会选择认识你,虽然会伤痕累累,但心中温暖的记忆是谁都无法给予的。

很感谢你来过我的世界,但我却不想活在没有你的世界。

她说留恋了才会和好,别忘了当初为什么分手,如果不想重蹈覆辙,那就这样吧。谢谢你,我爱的人。

他说会,毕竟有那么多美好的回忆,就那么毫无关系,真的会受不了。

她说不会,就像摔碎了的东西,你按照原来的样子黏起来。可那条裂缝永远存在,在以后的日子里经不起一点折腾,随时都可能黏不到一起了。我们回不去了,就算和好了也和以前不一样了。我爱你十年如一日,沉淀放手还你所有碧海蓝天。有些事情,有些故事,就像电影一样,像《大话西游》一样,后来再怎么拍,再怎么改变剧情,都没有第一部生动。

和好容易,如初太难。先被抛弃的人总要装作满不在乎的样子,被动接受、被动结束。

如果最后没有在一起,你也别难过。失去的东西就顺其自然吧。转身的方式有很多,纠缠是最不酷的一种。他不过是根卡在喉咙里的刺。疼归疼,总有一天要咽下的。爱你的人总会策马扬鞭地回到你身边,不爱你的人血液里都住着风。

"不开口求人,你爱留不留。"

怕我的孙悟空，变成别人的齐天大圣

> 其实很多事我都很介意，
> 只是习惯笑着说没关系。

很爱很爱一个人时，隔着屏幕都能感受到对方的情绪。那种奇妙、暧昧的感觉，仿佛此时此刻触摸着他的脸庞，感受着他的心跳，回应着他的喜怒哀乐，体会着他内心的变化，细腻又温暖。

我和 Sunshine 先生在泰国过情人节，到晚上他被家里人临时 call 了回去，之后我发了条状态：

"人一旦有了感情就窝囊到不行，怕分怕离怕他喜欢上别人，怕我的孙悟空变成了别人的齐天大圣。"

刚发完就收到了他的信息："不要瞎想，乖。我会做你的盖世英雄，让你猜中开头，也猜中结局。"

电影《你眼中的世界》中，男女主角分别在美国的两端，彼此不认识，却被一股神秘的力量影响，相隔万里也能共享彼此的听觉嗅觉，感受到对方此时此刻的心情。

其实我们每个人都拥有这种迷人而又有趣的能力，官方俗称第六感。当对方心情不好时，短短的几行字就能让你心生疑窦。当对方想隐藏什么的时候，无需任何言语就能觉察到异样。重要的人，隔着屏幕都能感受到对方的情绪。

其实很多事我都很介意，只是习惯笑着说没关系。

昨晚临睡前，Miko 刷了我的屏。点开对话框，全是图片正在加载中。我知道，一定是和她男神的聊天记录。从开始喜欢他的那一刻起，Miko 便开始自导自演、自说自话。对方很久不回信息，她便开始怀疑自己是不是太黏人，是不是太烦，以致对方想要逃走，也能够从随手点击发送的表情包中意淫出一部青春偶像剧。不管对方更新什么状态，她都会自动对号入座。

聊天记录的最后是 Miko 鼓足勇气发出去的话：

"你别逃了，我走就好。

"你说你不喜欢被感情束缚，以后你爱干啥就干啥，信息回不回，什么时候回都无所谓。我给你想要的自由。"

女生是专情的守护者，像温润的玉石般陪伴着自己的意中人。

女生有时很迟钝，对很多事情都不敏感。可对自己喜欢的人，就启动了全方位无死角模式，敏锐地感知对方的心绪。

像《一次就好》里唱的那样："你可知道，我全部的心跳，随你跳。"

纵使相隔万里,也能丝丝入缝,时刻用自己的温柔去配合对方的心情。

爱情更像是一场修炼,生活的重心从众星捧月的小公主和自我感觉良好的小仙女,逐渐向另一个原本陌生的人身上转移。明明什么都介意,最后还笑着原谅。内心早就千疮百孔、鲜血淋漓,还要咬着牙说没关系。

我没有你以为的那么洒脱,爱与不爱都能随口说。

为你辗转难眠的深夜里,我从未打扰过你。

讨厌雨天,讨厌胃疼,讨厌过敏。最讨厌的是,被丢下的自己。

出其不意的温柔和不经意间的呵护,比排山倒海的誓言更有杀伤力。手机一响,立马解锁,喜欢的人发什么都喜欢,其他人一句"在么"就不耐烦了。造物主的神奇就在于,人世间有很多美好却说不清道不明的情愫,很在乎一个人时,对方的一举一动都牵动着自己的心。喜欢可控,爱难自持。

我们相聚于时间的旷野,你一丝一毫的波动都牵动着我的心。

因为在乎才会幼稚,才会口是心非。

Miko 后来发文说:

"如果我有一天说,我没事,你一定要继续问。

"我一定会告诉你,真的没事。但事实上恨不得你马上看穿我的软弱。"

我生性倔强,你能不能多给我点耐心。

我说没事、无所谓时,你能不能多纠缠一下。不要因为我的一句气话，就真以为我没事，认为我很坚强。

一切深厚的东西，都来自于最微小的积累。

我极端敏感。你说什么、做什么，若是不顾及我的感受，便是一点一点地推开我。本来打算告诉你很多事，可到嘴边就变成没事。

有些时候很多话不说，不是因为不想说，而是知道即使说出也不会得到聆听和珍惜，还不如不说。

放过我的期盼，也放过你的耳朵。

我喜欢你，会主动往你的方向走几步。如果你看到我走过来，却没有迎接我的意思，我就会停下来。

世上有很多东西需要艰苦奋斗，唯独爱情，我不想太努力。能打动人的从来不是花言巧语，而是恰到好处的温柔以及真挚的心。

"重要的人，隔着屏幕都能感受到对方的情绪。"

三生有幸遇见你,纵使悲凉也是情

管什么能不能走到最后,
爱一天有一天的温柔。

《大话西游》里,至尊宝对紫霞说:"你知不知道我一直在骗你?"

"骗就骗吧。就像飞蛾一样,明知道会受伤还是会扑到火上,飞蛾就是那么傻。"

时隔多年,紫霞的扮演者朱茵在节目现场说:"二十三年前我认识一个女孩,是她让我明白,我的意中人,总有一天,会踏着七色彩云来迎娶我的。我相信,这是所有情窦初开的女孩最简单的盼望。有时候我在想,如果紫霞那个时候就知道她在追求一段没有结果的爱情,她还会苦苦追求吗?

"我敢担保她一定爱得义无反顾。"

听到这里,我哭了,那个愿意为了爱情牺牲一切的紫霞,多像此刻的你我。

前不久,有人问我:"如果给你重新选择一次的机会,即使知道这段感情会以失败告终,你还会义无反顾去爱吗?"我的回答是:"会。"

小时候喜欢玩拼图,就哭着闹着一定要买,也不知道能不能拼完整,但买回来我就很开心。长大了喜欢口红,我妈总是说买那么多用不完,其实没有一支口红是能用完的,但喜欢了就是想得到。爱情也一样,刚开始谁也不知道能一起同行多久。但总不能怕下雨就不出门,怕没结果就不开始。管什么能不能走到最后,爱一天有一天的温柔。

爱是一生磨难,不爱是一生遗憾。

和 Sunshine 先生在一起之前,朋友们就不止一次地问我:"真的想清楚要和他在一起了吗?他以前可是个玩咖……"

我说:"如果我没有和他在一起,我一定会后悔。一只断货的口红还能预定,可这样错过了一个喜欢的人,我以后一定会抱着被子哭的。"

公开后,有很多人说我秀恩爱死得快,比较熟的朋友我就直接怼回去:"见不了光的恩爱,就算死了也没人知道。"其实每个人在爱情面前都会不自信,怕分怕离怕他喜欢上别人。怕我的孙悟空变成别人的齐天大圣,怕自己的露娜变成别人的紫霞仙子。

很久之前的一期《奇葩说》中,节目组给的辩论题是《从未在一起和最终没有在一起哪个更遗憾》。

有一个小姑娘说的话,让我印象特别深刻。她说:"如果我喜欢一个人,我就从第一眼到最后一眼把这个人爱够,把我的感觉用光。我只希望那些年让我成长的人是他,之后的那些年他喝醉酒后想到的人是我,而不是其他比我完美太多的人。"

"只要爱过都会留下痕迹,至于往事就留在风中。如果我再遇到一杯好酒,我会毫不犹豫地举起酒杯跟大家说:'干了这杯,不为什么。'"

其实爱情没有那么复杂,既然喜欢就在一起。就算不能走到最后,也能共有一段回忆。三生有幸遇到你,纵使悲凉也是情。有酒就去喝,有情就去爱。一辈子这么长,爱错也无妨。走错路记得拐弯,爱错人记得放手。

我们这一生中会遇到很多人,他们有些来一阵子,有些来一辈子,没有谁一开始就能猜中结局。

朱茵在节目里说:"无论碰见的那段爱怎么样,你都要对得住自己。狠狠爱一次,跌到满身都是血,骨头碎了都没关系,置之死地才能后生。爱错了人,就要放手。如果你在面前这个人身上,看不到爱情的话,那就走吧,前面还有更好的等着你。"

在后台经常听你们说起自己的故事,有人说很喜欢他,但害怕付出一切后什么都得不到;有人说分不清他是套路还是真心,喜欢但不敢靠近;还有人说每次都是失败告终,不敢再轻易尝试了。

其实爱情就像王者荣耀一样,游戏开始前想的一定都是赢。当你倾尽一切努力,花费很多时间后,最后却输得一败涂地,连输几场下来就不敢再重新开始。爱情就是一场又一场未知的冒险,谁也不知道未来会发生什么。

人的一辈子那么长,输几场没什么好惧怕的。错过一班车还能再等,错过一场电影可以买下一场,错过一个人可能就是一辈子的事情。喜欢就往前冲吧,别等到失去才追悔莫及。天知道能遇到一个可以心动的人,有多难得。

即使天寒地冻,路遥马亡,也要不顾一切地爱一场。

"管什么能不能走到最后,爱一天有一天的温柔。"

我本可以忍受孤独，
如果不曾见过你。

『不问归期』

一厢情愿，

就得
愿赌服输

你不过是仗着我爱你

> 我是九,你是三,我除了你,还是你。

"女朋友做过最傻的事是什么?"

"她以为我也是真的爱她。"

其实很多女生心里清楚,她们只是在看你表演或者陪你演。

不过绝大多数是后者。因为爱,因为很爱。哪怕付出全部,换来的只是九牛一毛,也会为一点皮毛,为自己找尽坚持下去的理由。再等等吧,再等等,你就会爱上我了。

你有没有得过一种病,叫深深爱着一个人。

你有没有爱过一个人,直到遍体鳞伤,还是舍不得放手。

你不就是仗着我爱你吗?

所以你可以欺负我,可以肆无忌惮地伤害我。因为你知道我爱你,因为你知道我舍不得离开你。

因为爱你，所以甘愿俯首称臣，而你却迟迟不赐我平身。

深情就像十除以三，是一道解不开的死循环。

人们把难言的爱埋进土壤里，袖手旁观，尽量撇清自己。我可以假装不喜欢你，就像吃到一口辣椒，也可以假装不辣，然后淡定地喝一大杯水。

大头和深爱多年的女朋友分手后，夜夜笙歌，身旁莺莺燕燕无数。

他说："我喜欢的人很多，我会因为这个女生身材好、长的好看喜欢她，想和她睡觉。但我心底很清楚，那都不是爱。

"给过她的再也给不了任何人了。"

就像今天喜欢喝啤酒，明天喜欢吃冰淇淋，包包换了一个又一个，游戏里更新的皮肤，出一个买一个。其实只有你自己知道，无论口味怎么变、东西怎么换，心里的那个人，也从来没有变过。

我用你的名字写满余生，却连半句情爱都不敢提及。

我好像在哪儿见过你

> 你的名字,
> 我一辈子的心事。

"今天看的电影和我最喜欢的人名字一样。"

"什么电影?"

"《你的名字》。"

电影的画面,美轮美奂,让人如在梦境,很多台词,却让我感同身受。

只要记住你的名字,不管你在世界的哪个地方,我一定会去见你。

男女主角忘记了对方的名字,却一直怀揣着"寻找某人"的直觉,穿越时空,互换身体,彼此产生感情,后来为了找到对方,跨越重重阻碍,翻越万水千山。

电影的最后,两人在台阶上重逢,异口同声地问了一句:

"你的名字是？"

刚接触你时，从没想过你的名字会对我那么重要。

"你还想他吗？"

"已经忘了。"

"我还没说他是谁。"

每个人心底里都有一个不能触碰的名字，嘴上轻描淡写地忘记，只是逃避那些，一提起就痛到窒息的回忆。

"从十七岁到二十四岁，七年的时间里，我很用心地爱过一个人，付出了自己最美好的青春。"

夜子说这些话的时候把酒杯里的酒一饮而尽，她说他们刚开始在一起的时候，两人窝在城中村的六楼，没有电梯，十几平米，但每天都很温暖。只要她一撒娇，他就会从一楼把她背到六楼，每次发工资恨不得把全世界都买给她。

"那时候虽然经济不宽裕，但每天能给他做饭，就是最大的幸福。"

"可能真的像电视剧里那样'男人有钱就变坏'，没钱时，至少心是暖的。慢慢地，他开始贪玩，我开始'守寡'。"

"我一个人吃饭，一个人逛街，一个人睡觉，一个人生病，在我最需要他的时候，他都不在我身边，并且，联系不上。"

"见过他爱我的样子，所以才确定他是真的不爱了。"

七年的感情纠缠，逐渐远离，就像电影台词一样：

"扭曲、缠绕，有时又还原，再次连接，这就是结。"

裁缝可以舍弃掉自己的衣物，却舍弃不掉那把缝衣针。你怎会如此大意，将名字写在我的心里却没带走。

一杯烈酒烧不死，梦里挥之不去的你。

我喜欢你，从现在开始，到以后的每一天。就算忘了你的名字，我也会记得，我喜欢你。

"我已不记得你的名字，却还记得喜欢你。即使我忘记你的姓名，忘记你的样子，但我不会忘记我爱你。你的过去，梦中的我依稀参与，所以你的未来我必奉陪到底。"

故事的结局，男主角泷乘坐电车时，无意间发现了对面的三叶，随即唤醒了那个做了八年的梦，命运督促着两人下车，焦急地在街道上跑着，追逐着彼此的气息，当俩人擦肩而过时，泷突然开口说：

"我好像在哪儿见过你。"

你以为的巧合，不过是另一个人用心的结果。

如何让你遇见我，在我最美丽的时刻。

愿你听见我的名字时，眉眼带笑。愿你在见到我时，不管不顾给我个拥抱。

等待，只是单方面的深情

你还在等那个人吗，
太阳快要下山了。

　　和朋友们聚在一起喝酒，聊起大家的感情现状。朵儿摇晃着杯里的红酒，云淡风轻地说了一句："我想再等一等。"

　　朵儿等的人一走就是两年，只丢下一句："等我赚了钱就回来娶你。"结果对方一去不回，后来在同学那里听说他功成名就，身边还多了个未婚妻。

　　她强忍着泪水笑着说："那句话怎么说的来着，听说后来的你混得风生水起，可我还是喜欢当初那个什么都不是的你。"

　　安妮和相恋多年的男朋友分手了。七年之痒，尽管如此，她还是每天单曲循环他们当初定情的那首歌，那首原本要在婚礼上唱给她听的情歌。

她说:"其实我还在等他,等他玩够了回来我身边。只要他转身,我还是会毫不犹豫地奔到他怀里。

"虽然不确定他在哪儿,不确定他会不会回头,但我就在这儿,哼着我们的情歌,不等风,只等他一人。"

即使知道两条平行线不会再有任何交集,即使知道和他不可能会有结果,但还是不想轻易放弃。痴情的人都在等,等那么一刻,等玩够的人回头,等落叶归根。

你还在等他吗?等着死心,还是等着被爱?

等公交车,等红绿灯,等下课铃声,等排队,等电影的开始,等广告的结束,等朋友来赴约,等短信电话和留言,等雨后的天晴,等假日的出门放松,等还没有到来的所有。这辈子最讨厌的就是等了,但我唯一还在坚持的,就是等你。

有人等车,有人等邮件,有人等快递,而我在等你。

安妮说:"喜欢一个人,就像是看上一件尺码不合的衣服。当店员问有相似款式的需不需要看一下的时候,心底的答案永远是 No。"

就算调货需要等上很长时间,还是愿意等着。

就像喜欢你,哪怕现在不能拥有,也愿意再等一等。只是怕等的人不来,怕想留的人要走。

你在等什么?等七月的飞雪,等驶入机场的渔船,等长在地里的苹果,等没有回应的讯息,等鸡蛋里孵出来的袋鼠,等铁树开出娇艳的花?

别等了,太阳快要下山了,该走的人迟早会走。与其费力拉紧手中的线,不如在风来的时候,坦然放手。

该来的总会来,要走的也无法挽留。

你给我一点儿暧昧，我就想好了一生

> 我喜欢你啊，
> 想和你过一生的那种。

两个人之间最舒服的阶段是暧昧期。只要得到对方的一丝回应，就能幻想出一整部美满结局的爱情肥皂剧。暧昧像草莓蛋糕一样散发着清甜，也像洋葱一样，让人泪流满面。

最近有个男生每天都和小雪聊到很晚。两个人像情侣却又不是情侣，可又想不出一个能准确形容这段关系的词，似远似近暧昧不清，忽冷忽热让人防不胜防。对方给点甜头又怕自作多情，什么都不是，却又不想放弃。没有恋人的名分，却一直做一些恋人间的事。

你给了我一点儿暧昧，我就想好了我们的一生。

男人的喜欢，看上谁就想睡谁。而女人，恨不得分分钟嫁给他。

"我连婚礼时穿什么婚纱，以后生几个孩子叫什么名字都想好了，现在就差他一个表白了。"

对方很多次暗示说,她就是他的理想型,可就是没有挑明这层关系,给她一个身份。

"我们离暧昧很近,可是离爱情,似乎又很远。"

曾经和 Sunshine 先生探讨过这个问题,他说男人之所以会和女生玩暧昧,无非就是想占有但又不想负责任。流浪的人不说流浪,暧昧的人不给承诺。你牵起我的手的那一刻,我以为这一生都要跟你走。

丸子昨天很晚打电话给我,哽咽着说:"他要结婚了。"丸子刚和男朋友在一起时,对方就明确告诉她,他给不了她想要的未来。即使这样,丸子还是想赌一把。明明知道没结果,却还想坚持下去。

我喜欢他,是想和他共度余生的那种。

有时候感情真是个奇怪的东西,明明你难过的时候陪你的是我,和你拥抱暧昧的是我,做了所有恋人间该做的事,可最后陪你度过余生的却是别人。

"喜欢偶像剧里暧昧的爱情剧情,现实中的我们太没耐心了。"

感情的发展,就像综艺节目里的外国人学中文一样。第一句是"你好",下一句就是"我爱你"。

千万别相信那些爱说无主情话的人。一般这种人都有一堆暧昧聊骚的对象,喜欢整点模棱两可的小嗑。你感动的同时,其他几个相好的,也被感动得稀里哗啦。没人知道那些话到底是说给谁听的,谁点赞算谁。

"最怕他暧昧成瘾,而你却走了心。"

突如其来的脾气,是积攒了很久的委屈

> 冰冻三尺非一日之寒。

小鹿的性格在我这圈子里,算是数一数二的好。本来约了她吃晚餐,结果突然放我鸽子。就因为她男朋友说想看电影,害得我沦落到一个人在家吃外卖。

本来想一边吃盒饭一边画圈圈诅咒她的,结果她突然打来电话:

"乔儿,电影已经开场半个小时了,我还在门口等迟到的他,这已经不知道是第几次了。"

我扒了一口饭准备回话时,她的声音开始哽咽:

"我真的好委屈。我体贴他下班晚,不用他来接我,我自己走过去。我忍得好辛苦,在决定看电影之前我就清楚地问过他有空吗,他拍着胸脯说一定不会迟到,结果又食言。"

电影散场后,她独自来到我家,说刚刚忍不住和他大吵一架,后来越想越委屈,眼泪不停地流。

我摸了摸她的头，安抚她的情绪，顺便起身给她倒了杯水。回过头看着她可怜兮兮的模样，突然让我想起前几天和男朋友吵架的事情，我自己又何尝不是另外一只"鹿"呢？

短期交往看脸蛋，长期交往看脾气。

其实这世界上根本就没有什么脾气好的人，只是对方太重要而已。而突如其来的脾气，只是因为，老子不想忍了！

很多人问："你和Sunshine先生那么恩爱，怎么会吵架呢？"

"你能看到的，永远只是别人想让你看到的那一部分而已。"

爱情，是如人饮水冷暖自知的东西。外人只看结果，过程都是自己独撑。

我和Sunshine先生是异国恋，而我又是超级缺乏安全感的巨蟹座。生活逐渐平淡的我们，不再像以前那样是彼此生活中的必需品。

当回信息的速度越来越慢，当通话的频率越来越低，当他不再大小事都和我商量，不再每天和我说发生了什么事，遇到了什么人……

我知道他工作很忙，生活的压力也很大，不想给他添乱，一忍再忍，但前几天是真的忍不下去了。

"你知不知道老子忍住了多少个想对你无理取闹的瞬间？

"我怕靠太近你会烦，束缚太多你想逃，我怕让你自己飞，你会找不到回家的路，我怕离你太远，我们会走散。

"你知不知道我挣扎的时候说了多少劝自己的话：'你已经不是个小孩子了。你要学会懂事，不能天天无理取闹。你要体谅他，太作只会给他增加更多烦恼。'可谁愿意谈个恋爱还那么成熟懂事,我也想做个废物,整天被你照顾。

"我从小到大那么宝贝的一个人,怎么到你这里就什么也不是了呢?"

一次又一次的降温会让树叶变黄,一回又一回的冷落会使人心变凉。

没有谁天生脾气好,对你好是因为你真的很重要。我有风里雨里的暴脾气,可最爱的还是你。

我知道你忙,我也不想无理取闹。可是你不理我,我就想掐死你。

有的男人爱上一个人时,可怕得像天蝎座。

老陈本是性格温和的双鱼男,把女朋友当祖宗一样供着,唯命是从。就像父亲对待刚出生的孩子一样,眼尾的笑意都透露出宠溺的味道。

就在前几天,老陈和女朋友大闹一场,把对方吓得第二天就收拾东西走人了。

老陈的女朋友最近经常不回信息,晚上也很晚才回家。前几天他没忍住责问起来,对方敷衍的态度让他一下就炸毛了,在楼下就大吵大闹,物业都差点报警了。

"平常她怎么作我都让着她、宠着她,但最起码得有个底线吧。"

我随口附和:"要想生活过得去,身上总得带点绿,大兄弟想开点。"

和老陈认识那么多年,第一次看到他这么"窝囊"。

每个人都有自己的脾气、底线。"你做错事,我可以放你一马;你欺骗我,我也可以放你一马;你伤我心,我还是可以放你一马。但你要记住,我是有脾气的,不是放马的。"

女生可以在爱情里小作小闹,给感情加点调味剂。但小作怡情,大作伤感情。

别等到对方忍无可忍时,才发现把对你最好的人弄丢了。每个人都用心里最柔软的地方装着自己的硬伤。

我乖不代表我没脾气,我脾气不好我也知道。如果你不能忍受,我希望你能反省一下自己,为什么别人可以,你不行?

我可以做你的阳光,爱你的时候,温暖你;但不爱的时候,晒死你。

冰冻三尺非一日之寒,鸡飞狗跳非忍一时之屈。

你明明那么孤独,却总说一个人很好

> 最深的孤独,是你明知道自己的渴望,
> 却偏对它装聋作哑。

"孤独"这两个字拆开来看,有小孩,有水果,有走兽,有蚊蝇,足以撑起一个盛夏傍晚的巷子口,人味十足,可组起来看,却是最深的落寞。

曼曼空窗期已经有三年之久,日子过得风风火火,像极了现实版的杜拉拉,可唯独缺少陪伴。我们也介绍过好几个不错的人给她认识,她都一一拒绝。每次搪塞我们的理由,都是一个人挺好的。

曼曼之前的那段感情一直都是我们避讳的,因为都知道她在那段感情里付出过多少。两个人毕业后,因为异地,曼曼二话没说为了男孩放弃了深圳还不错的工作机会,去了男孩的城市。曼曼也曾扬言说非他不嫁,对方也信誓旦旦说非她不娶。可到最后因为父母不同意,迫于压力,男方放弃了这段感情。分手后的曼曼,没哭没闹,一个人在房间里呆了几天没说话,后来再也没有提起过那段感情。

　　这件事对曼曼的打击很大,此后三年一直处于空窗期。即便周围有很合适的人选也都拒绝了。每当她摇摇头说算了的时候,我都觉得心疼。我常常感应到在看到别人秀恩爱时,她掩饰不住的羡慕的眼神。我知道她不是不想谈恋爱,而是害怕满腔热情最后又都落了空。

　　每一个不想谈恋爱的人,心里都住着一个不可能的人。

　　你明明那么孤独,却总说一个人很好。最深的孤独,是你明知道自己的渴望,却偏对它装聋作哑。

　　朋友喜欢了一个姑娘很久,可是姑娘却从来没有要和他在一起的意思。大家都劝他算了吧,这世界上姑娘多着呢,不用非得吊死在一棵树上。

　　朋友每次都特别洒脱地说:"谁要在一棵树上吊死,我早就不喜欢她了,我就是不想谈恋爱而已。一个人多好,省得麻烦。"

　　有一次大家一起吃饭,有个朋友因为女朋友来例假独自在家,想要提前回去陪她,他还开玩笑说:"你看吧,谈个恋爱多麻烦,不像我们,想玩到几点就玩到几点。"可随后他又一个人嘀嘀咕咕地说了一句:"我连个能让我麻烦的人都没有。"

　　后来饭局快散场的时候,他喝多了,开始"酒后吐真言"。他说他其实也不是不想谈恋爱,只不过放不下那个姑娘,不能跟她在一起,也不想跟别人在一起。

　　"一个人挺好,是挺好。没有人催我回家,想怎么玩就怎么玩,可也没有一个人真正地关心我。"

身边的那个人不是她,就只好说孤独终老也挺好。

一个人怕孤独,两个人怕辜负。如果非要在偶尔失落和每天泪流满面之间选择的话,我还是觉得一个人挺好的。

我不是悲观主义者,只是偶尔觉得自己孤独得像条狗。我还是会在人前笑得放肆,只是在人后习惯了孤独。

大概是一个人久了,可以忍受的孤独指数也在不断增长。以为两个人一起完成才最浪漫的事,慢慢觉得,我自己也可以去实现了。

其实很多人都有过相同的经历,在一次失败的感情后因为伤痛而觉得疲惫,然后觉得自己这辈子都会锁上心门,不会再爱上任何人。笑着告诉所有人,自己一个人挺好,可孤独的时候却骗不了自己。

"外向的孤独患者"跟谁都能聊得来,可以在社交场合自由切换角色,可以逗贫,可以高雅,性格自由切换。习惯了迁就别人,习惯了尊重别人的感受,习惯了为别人切换自己的性格,但不指望任何人能懂自己。

哪有人生来就喜欢孤单,哪有人看到别人的恩爱甜蜜不羡慕的。我也曾不顾一切地爱过一个人,可是后来他爱了别人。我只能告诉自己,一个人挺好的,至少没有人再让我伤心了。就像被蛇咬过一口的人,看见草绳也会退避三分,我曾为了爱情痛彻心扉,也需要时间愈合伤口。

我至今都记得那些撕心裂肺的夜里,我是如何翻来覆去都难以入睡的；我至今都记得那些泪流满面的曾经，我是如何拥抱着自己舔着伤口的。

  我为了一个陪伴，付出的是想起来都觉得寒颤的痛楚。你要我如何再去为了爱情奋不顾身？我不介意孤独，比爱一个人舒服。

  孤独是生命的常态，可是陪伴没有那么多不期而遇。

  我害怕分离，所以拒绝一切和相遇有关的东西。我不是觉得孤独挺好，可如果陪伴的代价是久久不能愈合的伤口，我还是宁愿自己一个人。没有人爱我，就没有人可以伤害到我。

  "你明明那么孤独，却总说一个人很好。"

他从未说过我爱你,你却句句都是我愿意

> 感情若不是两情相悦,
> 所有的痴情都是贱。

你有没有很卑微地爱过一个人,即使知道对方心里没有一丁点你的位置,也舍不得放手的那种?

"有。"

小薇说完这句话,连续发了一些聊天记录给我。从对话里看出,对方并不喜欢她,甚至有点反感她的死缠烂打。小薇说她和他分开半个多月了,但还留着对方的微信,每天都会发信息在他面前刷存在感。直到昨晚小薇哭着告诉我,他嫌她烦,把他删了。

他从未说过一句我爱你,你却句句都是我愿意。

曾经我也很卑微地喜欢过一个人,太喜欢,便倒追他。我会每天在他朋友圈点赞评论;我会为了和他有共同话题,去追他喜欢看的动

漫,了解他喜欢的球队队员;我还会出现在他朋友圈打卡的地方,和他来一场"偶遇"。他知道我喜欢他,因为我告白过很多次。虽然每次都是以开玩笑的形式,可即使是开玩笑,他还是会拒绝我,每一次都会明确地告诉我,我和他不可能。

有一年我生日,在闺蜜们的怂恿下,我硬着头皮,拽他来自己的生日会。几杯酒下去后,我半开玩笑地跟大家说他是我男朋友,但他直接就否认了。当时的心揪着疼,但是要忍住不能哭。包厢里的音乐声那么大,自己也喝得有点上头,但"我不是"那三个字,我听得特别清晰。后来忍不住跑到厕所大哭,是因为他在我切蛋糕之前就走了。招呼也没打,只留下一条信息:

"生日快乐,但,不要再拿我和你的关系乱开玩笑了。"

生日主角哭倒在沙发上,不知情的朋友还发信息骂了他。我意识到,原来我对他的喜欢,给他造成了那么多麻烦。

如果不是相互喜欢,你的痴情就是他的负担。

流水堕落,青山啰嗦,一抔黄土等风说,你不爱我。一个人的热劲儿维持不了两个人的关系。

你忙着靠近,他忙着走。

可能是因为骨子里的倔强,相信时间能改变一个人,所以我坚持了很久。最终有一天晚上,我照旧出现在他打卡的地方。我到现在还记得他向我走来时自己紧张的心情。我以为他会坐下陪我,谁知道他冷漠地说了一句:

"你以后不要这样了。朋友都觉得我应该因为你的付出和你在一起,但我做不到,我觉得这样对你不好,所以别再继续了。我不想外人给我贴上'渣男'的标签。"

我当场就哭了,哭着跑出咖啡厅,回到家躲在被子里,哭了很久很久。我从未想过自己的喜欢会给他带来这么大的压力,也从未想过自己在他眼里,竟然这么恬不知耻。

感情若不是两情相悦,所有的付出都是贱。

小时候刮奖刮出一个"谢"字还不扔,非要把"谢谢惠顾"四个字都刮干净才舍得放手。后来生活中的太多事情,也如此这般。很多事我们一开始就知道了结局,可就是不肯死心。

不见棺材不掉泪,不到黄河心不死。即使知道自己一腔热血换来的只是一盆又一盆的冷水,还心存侥幸想赌一把。可惜啊!爱情就像乘法,只要一方为零,结果便为零。

"刮奖时刮到一个'谢'字就足够了,爱情也一样。"

得不到回应的热情,要懂得适可而止

> 走不进的世界就别硬挤了,
> 难为了别人作贱了自己。

爱情最怕的就是一派纯真,撞上南墙。当自己倾尽所有热情,最后却发现只是对着一口枯井。

Darwin 拎着几瓶红酒来我家诉苦,他说和女朋友的感情出现了危机。三年的感情已经走到了尽头,可他还是拼命想要挽回。

"我能怎么办,我也很绝望啊!"

"明知她不已经爱了,可我还是放不下。"

一派纯真,撞上南墙。一生热爱,回头太难。

走不进的世界就别硬挤了,为难了别人作贱了自己。

前段时间在微博收到了小 Z 的私信,小 Z 最近喜欢上了一个男生。就在昨天小 Z 准备表白时,对方告诉她,以后别来等他下班了。

他是肯德基的点餐员，小 Z 就天天跑去吃肯德基，吃到拉肚子，吃到嘴角起了泡，还坚持不懈。每天按时报到，在一个能看清对方的位置，一坐就是几个小时。

"自从喜欢上他，我胖了十斤。"

电影《乘风破浪》里有句台词："女孩心里如果真的没有你，做什么都没有用。"

爱情里无论男女，心里没有你的人，就算你天天杵在他面前，也不会日久生情。

走不通的死胡同就绕道而行，爱而不得的人就要学会放手。

得不到回应的热情，就适可而止。天黑和孤独都很美，咎由自取你怪谁。

"给我来一杯柠檬水加醋。"

"您要的是心酸吗？"

可能生活太甜了，所以你总爱自讨苦吃。

感情里最无奈的莫过于花光了所有热情，却得不到一丝回应。

你是愿意要一个 32G 的 iPhone7 还是 128G 的 6S？

虽然你不想要 iPhone7，可你只有买 32G 的钱。你是愿意买随时要清理内存，用着憋屈的 iPhone7，还是愿意退一步，买那一台不用再时刻担心内存会满，可以让你很安心的 6S？

在很多地方可以得到的乐趣，为什么一定执拗地非要从某个人身上得到？得不到回应就要学会适可而止，热脸贴冷屁股的感情，看起来更像是急于出售的廉价商品。

你要相信世界这么大,如果有人对你的爱不屑一顾,那肯定也会有人将你的爱小心珍藏。

"就算喜欢不上别人,也别再喜欢他了。"

脑子是个好东西，希望你也有一个

> 打破原则和底线才维持的爱情，
> 结局一定很烂。

"我该怎么做才能挽留他？"

"我还爱他，可他已经不爱我了。"

"我知道永远叫不醒一个装睡的人，也永远感动不了一个不爱自己的人，可我就是爱他爱到无法自拔。"

这应该是 CC 和我说过最多的话了。这天我实在没忍住就把她骂了："你能不能要点脸！剪坏你头发的理发店你不再去，吃坏肚子的餐厅你不再去，假惺惺的朋友你不再交。为何一次又一次伤害你的人，你还再爱？"

收起你的脸，留住你最后的尊严。道理你都懂，鸡汤你也喝，傻瓜还是你。很多人说，我的文章陪他度过了那些最难熬的日子，就像《从你的全世界路过》里的陈末一样，温暖了很多人。可我曾经也像陈末一样，名医不治己病。

我没有你们那么幸运，有个"乔儿"为你敷药，喂你吃糖，甚至可以一巴掌打醒你。

那时候，闺蜜整天看我表演十万个为什么：为什么我对他这么好，他还要去找别的"狗"？为什么他不爱我还不放了我？为什么他可以外面有"狗"，我就不能多跟别人说一句话？

在一次次触及自己底线，求他留下来之后，我才明白，那些想要离开的人，不管当时是出于什么原因，也许彷徨过、犹豫过、挣扎过、不舍过，但至少在决定要走的那个瞬间，他觉得没有你的以后，会过得更好。

抓不住的东西，连伸手都是愚蠢的。

我珍惜所有相遇，也尊重所有失去。

我发微博说："打破自己原则和底线坚持的爱情，结局一定很烂。"有人评论说："如果乔真的爱上了一个人，能保持原则底线不变吗？除非你的爱没他多。"

可能爱情里大多数女生都会和我一样，喜欢的时候会给他整个世界，即使赴汤蹈火，付出一切也在所不惜。可当我的热情被冻成捂不化的冰时，我不会再多停留一秒钟。

我尊重他的到来，也会尊重他的离开。

你要知道这世上有很多事情，是你无能为力的。好端端的身体突然就生了重病，深信不疑的人突然就背叛了你，多年的友情突然就破裂了,刚刚还在微笑的自己突然就哭了,那个很爱你的人突然就不再爱你了。

那个把你当成宝贝的人已经彻底从你的世界消失了,绝望之际,除了接受,别无选择。

只靠我一人主动维持的关系,我坦然送你走。你在夏天落水,在秋日漫长里偷渡黄昏。我叫不醒你,索性接下你梦中递过的酒杯。

祝这求不得,祝这空欢喜。

"希望你不后悔认识我,也是真的快乐过。"

除非他爱你，否则你一文不值

伤害你的不是对方的绝情，
而是你心存幻想的坚持。

什么是爱情？爱情是互相爱慕才能产生的情愫。若其中一方心里没有爱意，那另一方所做的一切都是徒劳。

娜美和男朋友在一起一年多了，愚人节那天，上天跟她开了个一点都不好笑的玩笑。她收到了男朋友的信息："我们分手吧。"当时还以为是恶搞，结果晚上回到家才发现已经人去楼空。分开这半个月以来，娜美生不如死，整天除了酗酒就是苦苦哀求挽留，甚至跑到男朋友公司等他下班，在他家门口守到凌晨。

娜美哭着和我说："乔，回不去了。我都差点跪下来求他了，却换来了一句'不爱了就是不爱了'。我接受不了，我哪里错我可以改。他想要我听话，我就乖乖听话，他让我别管他，我可以放任他去外面浪，只要他记得回家。可他为什么要说出那么决绝的话？"

听到她泣不成声的声音，我知道那一刻的自己，熬什么鸡汤都没有用。

"你能不能清醒点，他已经不要你了，你现在做任何事情都是徒劳，你照照镜子看看自己现在是什么鬼样子！"

我们爱得歇斯底里，甚至为了对方付出一切。可感情是两个人的事情，除非他爱你，否则，你一文不值。伤害你的不是对方的绝情，而是你心存幻想的坚持。

娜美是真正的低调白富美，长得漂亮，脾气好，又有礼貌。身边自然很多追求者，条件好的也不少。可她偏偏选了一个让我们都傻眼的男朋友，门不当户不对。除了有张能说的破嘴，一穷二白，连稳定工作都没有。对方追她的时候，也曾一度把她当成公主宠。那时候的娜美整天像活在蜜罐里一样，可没过多久就到了感情的瓶颈期，两个人慢慢从每天黏着一起像连体婴到后来渐行渐远。

再完美的情话说多也会词穷，再热烈的感情也可能会趋向冷漠的结局。

娜美一直不愿意接受现实，以为只是在一起久了没当初的激情了。为了挽回这段感情，她准备了各种惊喜给他，甚至把他们的故事，所有的合照都打印出来放进日记本，守在他家门口等，试图用回忆唤醒当初那份刻骨铭心的感情。

娜美在小区门口守了3个晚上，最后终于在凌晨三点等到了对方。娜美忍着眼眶打转的眼泪说："你说分手，可以。但这是我送你的最后一份礼物，希望你有空的时候可以看一眼，哪怕一眼。"说完就转身走了。心存希望的娜美在回家的路上,被他的一条信息彻底判了死刑:"你不必做这些事情,选择离开就是因为不爱了。"

不爱了,就是不爱了。

他若真的爱你,怎么舍得这样对你。

如果现在的你,遇见了一个不爱你的人,那就不要再纠缠了。已经被严令驱赶出境的世界,就不要硬挤了。已经决定松开的手,就不要再心存幻想试图挽回了。为难了别人,作贱了自己。他只是随手给了朵花,你却红了脸想压上余生。

八岁那年,我抓住了一只蝉,我以为抓住了整个夏天。十四岁那年,我淋透了一场雪,我以为看到了一片天。十八岁那年,我吻了他的脸,我以为可以直到永远。喜欢一个人就会为他做很多傻事,甚至想和他一起共度余生。

前几天我重温了电视剧《神话》。当看到吕雉和妹妹反目成仇,不惜一切代价,甚至卑微到求易小川和她在一起时,我仿佛看到了自己。

吕雉丢下所有尊严问他:"难道我和你之间,就真的没有一点儿可能吗?"

"没有。"

易小川说:"男女之间的感情是一种缘分,是一瞬之间的事情,是上天冥冥中一开始就注定好的。"

缘深缘浅不是我们为对方付出了多少精力,付出了多少代价能换来的。淡了的感情加点盐也没法重新调味,不爱自己的人就算付出一切也没法挽回。无限单曲循环，歌听久了会腻，感情亦是如此。

你的深情给错了人，做什么都是错的。爱一个心里没有你的人，就像考试时那些全靠蒙的方程式，写满答案，也是零分。

很多事情，从一开始就能猜到结局。最后所有的折腾，只不过是为了拖延散场的时间。

与其浪费时间纠缠，为什么不去找个互相喜欢的人？找不到就等，等不到就一直等。不要太执著一个人的去留，能陪着走过一程就够了。

"除非他爱你，否则你一文不值。"

别做痴情种，没有好下场

不要把希望寄托在别人身上，
靠自己也能顶起一片天。

上次朋友聚餐，遇上了鲜少出席的小艾。她刚刚回国，举手投足间都散发着美利坚女孩的味道和风情。我打趣她跟男朋友出国留学双宿双飞，被爱情的蜜罐子泡得愈发成熟有魅力了。

小艾看着我沉默了三秒，才开口道："我早就跟他分手了。"

她陪男朋友出国后，一门心思全扑在他身上。他出去玩她盯着，他打游戏她陪着。周末也不爱和朋友聚会，只要他一句话，她便丢下手头的事，二话不说跑去找他。甚至在人生大事上她都顺从他的方向，他要出国，她便跟着。

初到国外一切都还不适应，小艾像抓住溺水后手边最后一根浮木似的依赖着男朋友。他的英语极好，在国外的生活快速步入正轨。但小艾却是英语不通的语言白痴，除了简单的打招呼，几乎什么都不会。她只能自己呆在家里,除了每日等他回家,再无其他。

除了生活上的不习惯以及心理上的巨大落差之外,她还得时时刻刻过问男朋友的社交生活。生怕一个不小心,他就被别的女孩勾搭走了。这么窒息的爱,谁都受不了,过一个小时就来一个领导口吻的短信,晚一分钟踏进家门,就来一连串的夺命连环call,还不带暂停的。

小艾已完全无法跟上他的生活节奏,这段感情曾经的甜蜜也渐渐被疲惫和拖累取代,最终他选择了离开。他说出"分手"的那一瞬间,小艾万念俱灰。她为了他来到大洋彼岸背井离乡,但没想到之后一切都不一样了。她什么都没得到,最后连握在手里的他都留不住。

太爱一个人,会全心全意扑在他身上。他的一举一动牵动着你的思绪,他的行为指标就是你的参照准则。你的未来蓝图紧跟着他的未来,却从没想过自己想要什么,也不曾为自己努力争取过。

太爱一个人而舍弃自己,往往都没什么好结果。

别做大魔王也别上战场,别做痴情种没有好下场。

不要把希望寄托在别人身上,靠自己也能顶起一片天。

等待漫漫无期,没有回音,随着空气里他的声息越来越淡,你才慢慢意识到他已离开,然后看清自己是真的活不成,还是不想作为。

理所当然地躲在他身后讨着糖吃,直到他清空了他的衣柜,打包了洗手台的剃须刀,拖着行李箱离开,小艾只能哭到窒息,求他别走。失恋的小艾整日整夜地以泪洗面,课也不去上了。期末成绩公布时,系主任很委婉地告诉她,她可能要被劝退了。

白纸黑字的"GPA1.9"虽不醒目,却直接如雷般劈中了小艾。

来美国都快一年了,她上课的次数屈指可数。去星巴克点男朋友爱喝的焦糖玛奇朵,都得磕磕巴巴地拼给服务员听。出门坐公交车询问如何买票,急到跳脚都蹦不出几个词。虽说在国外生活不如家里那般轻松,可她都没努力过,只知道管住男朋友,最后失去了他,连鲜活灵动的自己都失去了。

一腔爱的热血,又不能拿来当煮饭的鸡汤。

太用力爱一个人,失去时就像掉入了深海。除非自己扑腾起来,否则没人能救你上岸。

彼此步调同步,两个人的关系才会变成和弦。

她没理解什么叫步调一致,全身心投入感情时却忽略了自己的追求。对方成绩优异,对人生的把握有着自己的考虑。而小艾没有进步反而退步,所以当她想跟着男朋友的规划走时,只会越来越吃力。人家匀速迈步前进,她得小跑起来气喘嘘嘘才能跟上。

近日我的小助理在追《欢乐颂》,看到邱莹莹大清早三四点打车去客运站堵应勤,还进行跟踪的那一幕,嘴里忍不住骂她傻。

"连自己都留不住的人,就别企图留住别人了。"很多人都和小艾一样,一谈恋爱就不怎么与朋友互动联系了。喜欢的击剑绘画都荒废了,权当没了自己的爱好,一切以他喜欢什么为中心。把一切希望都放在别人身上,等哪天人走了,你就什么都没了。

蔡康永说:"求爱不是求救,不要奢望通过爱一个人来拯救自己的命运。"

这个世界上，你对别人好，别人没有义务来反馈同样的好。如果有回报，不是理所应当，而是值得庆幸。

爱一个人难道不是应该好好经营自己，用更好的自己去匹配上同样努力上升的另一半吗？如果一段感情让你除此之外什么都没有的话，那这段感情也是终将会消亡的。

可以奋不顾身爱一个人，也要能够孑然一身自己当贵族。

你把大把的时间用来哭用来怀念，整天一副活不下去的样子，清醒后只会恶心曾经的自己。很喜欢一个人没错，可他不是你人生的全部。你可以为爱执著，但不能为爱而活。爱别人没用，等别人爱你也没用，爱上自己才有用。

有情不能饮水饱，靠着爱情活下去的人，一旦失去，就会彻底变成废人。

永远不要踮着脚尖爱一个人

执念般喜欢一个人，
丢了他就像丢了整个世界。

我对你这么好，你却总不冷不热。可我毫无办法，谁让一开始主动的人是我。偶尔也会想，当我消失在追逐你的长途里，某个手机微微一震的夜晚，你会不会恍然以为是我给的温柔？

小安要死要活追了一个男生七年。从情窦初开少女心到人情世故烟视媚行，从暧昧不清到苦苦纠缠，分分合合好多年，结局还是沦为路人。

听完小安的故事，我发了一条微博："不要厚着脸皮，耐着性子，攒着劲儿去取悦一个不可能的人。"

电视剧《麻雀》里，李小男为了掩护陈深从容赴死，虎狼环伺仍唇畔含笑。一直以来她都保护着陈深，不求回应地飞蛾扑火，直至付出生命，也从未得到过他一丝一毫。

永远不要踮着脚尖去爱一个人，过于执念的喜欢，一旦失去他，就失去了整个世界。

这些年她撕心裂肺哭过，也歇斯底里说过再也不回头。可每当他对她回眸一笑，她又好像什么都忘了。

"你知道七年意味着什么吗？"

"大概就是当初懂事早的话，孩子都该上小学了吧。"

大冬天凌晨3点，对方发微信说饿了，小安睡衣都没换，直接套了羽绒服就出门给他买最爱的馄饨。到楼下给他打电话，他说在睡觉懒得出被窝下楼。小安在寒冬里站着等他睡醒，一站就是几个小时。好不容易他醒了，馄饨冷了，她又赶紧重新买了一份。

他喜欢黑色，黑色T恤、黑色雨伞、黑色外套、黑色Yeezy，偏爱白色系的她，下意识地购置了一柜子的黑色，把对方喜欢的一切，慢慢地当成自己喜好去热爱。他很怪，不吃葱姜蒜木耳豆芽香菜，她害怕忘记，就默默暗示自己也不能吃。

"分手后第七天，他就有了新欢。那个女生三个月就花光了他卡里的钱，我和他在一起那么多年，唯一算得上礼物的，应该是有一年圣诞节，他被我缠得无奈才买的几个气球。

"可笑的是他离开后，我还把当初放了气珍藏起来的气球拿了出来，睹物思人。"

其实很多时候，对方喜不喜欢你，心里有没有你，你自己心里最清楚。

今天我的助理去衣柜里找衣服,一米六的她踮起脚尖就差爬到柜子里了。我在旁边一直给她白眼,还不停冷嘲热讽她:"明明够不着,你蹦跶那么久也不嫌累。"她很不服气地说就是想试试,而且就差那么一点点而已,最后累趴下也没够着。

其实很多道理我们都明白,但就是不甘心在作怪。因为差一点就碰到的爱情,踮着脚尖让自己卑微到尘埃里,以为只要肯妥协去改变,就能换来想要的美好结局。从一开始就不稳的感情,迟早也会有一天因筋疲力尽而倒下。

道理你都懂,只是你不承认。

非要所有热情都变冷,才愿意面对事实。太执念地去完成一件不可能的事情,最后输的时候只会更痛彻心扉。深深的爱会死得很惨,大风把烈酒吹醒,方知爱过的全都是梦。

很多话不说,不是不想说,而是因为心里知道,说了也不被聆听和珍惜,还不如不说。放过我的期盼,也放过你的耳朵。

成年人的感情都很短暂,年龄越大越明白,得不到回应就要适可而止。发两三条消息还没有回复,就不要再发。打两三通电话都没接,就不要再打。倘若心里有你,就算当时再忙,也会在闲下来的第一时间回复你。若没有,做再多也是徒劳无功。

需要踮起脚去迎合的恋爱,就像一场马拉松接力赛。你速度没对方快,步伐没对方轻盈,就算竭尽全力,也只能眼睁睁看着和对方的距离越来越远。爱情没有绝对的平衡,可严重失衡一定不会白头到老。树顶端的那个苹果不一定最甜,你够不到的那个人不一定适合你。

不对等的恋爱，居高临下的他，说到底都是你的深情，赋予了他高高在上的权利。永远不要踮着脚尖爱一个人，与其让自己身心疲惫，不如把那份深情留下来爱自己。

爱情始终是先让人红了脸，再后来红了眼。很多人以为只要认真喜欢，就可以打动一个人。可认真的结果，只是打动了自己。你可以爱一个人到 99%，但最后一分尊严要留给自己。

十八岁的时候，我喜欢吃辣。感官得到刺激，才能找到存在感。现在年龄大了，却偏爱暖心的甜食。总有一天你会不再需要疯狂的爱情，你需要的只不过是一个不会离开你的人，冷时为你穿上外套，胃疼时为你倒上一杯热水。

你现在要做的就是多读书，按时睡，继续善良，保持可爱。对他的期望变低，依赖变少，你会过得更好。

永远不要踮着脚尖，去爱一个人。

别再为渣男掉眼泪,毕竟眼妆也挺贵

别像猫一样在雨里长大,
遇到一点爱就当成家。

酸酸看完我那篇《不想谈恋爱,他们都照顾不好我》后,发私信给我:"究竟应该找个什么样的人谈恋爱?前任不能找,新欢各种套路。"

从心生暧昧,彼此有小动作,到共寝一床,最后天各一方。

酸酸告诉我,男人对她说,30岁了,现在只想找个人结婚,带她回家。她刚用"你身边鲜花围绕,我不凑热闹"的理由委婉拒绝,那个男人就开始四处找别的妹子喝酒。我问她:"他要和你一起,是在酒吧对你说的吧?而且已经醉意上头了。"酸酸点了点头。

我把她从头到尾骂了一遍,从头发丝儿骂到趾甲盖儿。

你现在也该明白了,他的沉默就是答案,他的躲闪就是答案,他的不主动就是答案。他暧昧成瘾,浪荡成性,而你却宛如一个智障,把自己全部的柔情都交给他。

要知道所有前缀带"一辈子"和"永远"的承诺，通常坚持不了三个月。谈恋爱在一起几天就想过一辈子，交个朋友稍微对你好点就想往来一生。

难怪你怨气这么重，悲伤那么大，这都是天真的代价。

有人追你不一定是喜欢你，可能是看你的样子就知道你好泡。你可以不聪明，但别不清醒。你的洒脱和恶毒都不够纯粹，所以才会如此痛苦。

其实男人的爱情比女人更纯粹，爱就是爱，不爱就是不爱，没得商量和妥协。他们能分清谁是玩具谁是伴侣，而女人最傻的就是以为他喜欢你才会跟你上床，却不知道其实在他眼中，不过是关上灯，所有女人都一样。

酒后吐真言这句话，一定是男人发明的。然后他们随便喝点酒，就跟女人各种胡编乱造，天花乱坠，甜言蜜语，屡试不爽。女人都太傻了，就是吃这套。

他并没有那么喜欢你，只不过是觉得撩你比撩别人容易，比嫖娼便宜。他并不喜欢你，只是喜欢被你喜欢。偶尔对你示好，只是怕你不喜欢他，怕失去你的爱慕。就像狗跑远了，主人就会唤一声它的名字。或许他喜欢你，但是这一点也不妨碍他还喜欢别人。就像刚好他有需要，刚好你在。

女人往往都会迷失在不甘心里，以为难过就是爱过。

别再为渣男掉眼泪，毕竟画个眼妆也挺贵。别总说什么来日方长，回首之间都是人走茶凉。

人们永远不会珍惜三种人：轻而易举得到的，永远不会离开的，那个一直对你好的。你毫无保留地对他好，就等于赋予了他伤害你的权利。两个人一起憧憬未来，就算撞得头破血流伤痕累累也是值得。但如果有一方根本没有那份心，另一方所做的任何事任何努力，都是贱。

感情这件事，要学会淡泊寡欢。丢了的，就当喂狗吧。他撩你，不代表他喜欢你。他还撩路边小狗呢，他会和狗在一起吗？别总是太激动，也许别人只是无聊逗你玩的。真心实意还是收起来吧，对着众人掏心窝子，怎么看都像是撒狗血。你们不过是一起走了一段路，何必把怀念弄得比经过还长。

你不能控制谁走进你的生活，但可以选择从哪扇窗户把他扔出去。宁愿找一个死心塌地的浪子，也别爱上一个朝三暮四、心比石头还硬的男人。你拨打的电话假装没听见，要点儿脸的话永远不要再拨。

该干啥的时候就干啥，该吃饭的时候不吃饭，你就要饿肚子，该睡觉的时候不睡觉，你就得难受，反正都是活该。高兴了就笑，不高兴就哭。哭完洗把脸，睡一觉，连这点承受能力都没有，我只想分分钟劝你去死。实在不行的时候就起床蹦一蹦，感受到自己全身的赘肉在晃动，你就会发现，你一点也不难过了，甚至也不想活了。

天黑和孤独都很美，咎由自取你怪谁。

我再也不等你了

> 我的勇气和自作多情，
> 终究战胜不了你不爱我的心。

你有没有等过某个人的信息？

等了一分钟、一个小时还是一天？

有时候我就在想，人为什么要谈恋爱？明明一个人可以活得很好，为什么非要找个人给自己添堵？不在身边会想，不回信息会惦记，超过半天找不到人就抓心挠肝想报警。

前几天我发微博说：

"我吃完了一个五斤的西瓜也没等到你回复我的信息。我想，这应该不是因为你不够喜欢我，而是因为这西瓜不够大。"

刚发完，就收到了佳佳的私信："我再也不等他啦。"

有人说失望就像一枚枚硬币，总会有攒够买车票的钱离开的那天。要放弃一个在乎的人，得攒够多少冷漠才舍得放手。我的勇气和自作多情,终究战胜不了你不爱我的心。

半个月之前,佳佳还在问我:"一段走不下去的感情,该何去何从?"

佳佳和男朋友在同一个城市,却像隔了一条银河。两人刚在一起时,对方每天都会接她上下班,一起吃饭,周六周日还约个小会。随着在一起的时间越来越久,从每天碰面到三天一见到一个星期一见,再到后来,她每天独自回家。发信息从半个小时回一次到一个小时再到几个小时,最后一天到晚都没有回音。佳佳心里很清楚,这段感情走到了尽头。可舍不得放下的她,仍在竭尽全力地维护这段感情。

"睡觉前我敷了三张面膜,看了两集电视剧,打了几把排位,从黄金掉到了青铜,还刷了半个小时朋友圈,可就是没有等到他的信息。"

《武林外传》里老白说:

人活着的时候就图个念想,

没钱的时候,希望有钱;

生病的时候,希望健康;

孤独的时候,希望幸福;

人正是因为有了念想,才有了生活下去的勇气。

可不管佳佳再怎么想坚持下去,也始终挽回不了那段渐行渐远的感情。

为你构筑的梦境，都随着你不爱我而清醒。也曾想过爱你很久很久，却被无尽的失望和心酸打败。

小时候喜欢去河边玩，捡起一块石头就往河里扔，石头溅起一阵水花沉入河底。

长大了才发现，原来喜欢的人就是对面的河，信息发送后期待对方回信的心情，是那阵溅起的水花。而没有收到回应的信息，就是沉入河底的石头。

我问佳佳，是什么让她狠下心的。她"正在输入"了十几分钟，最后只发来一句："抹杀了希望，攒够了失望，也是时候离开了。"

失望太容易攒了，尤其是在满怀期待的时候。

在等你信息的同时，听完了六首歌，看了半部电影，拿起手机不下十次，倒了三杯水，满满的信心晃了又晃，应该不是你没有回复，而是我手机失灵了。

我不会等你太久，攒够失望我就走。

人们常说爱情是场博弈。谁先动情，谁就输了。偏偏就是有人不管输赢，无可救药地爱着。

可爱情是一片银河，而不是一味迎合。

我不怕一路坎坷，只怕爱成了看客。若只靠我一人维系关系，我会坦然送你走。

"就算再无聊，我都不会主动发信息给你了。"

如果你给我的，
和你给别人的是一样的，
那我就不要了。

『白驹过隙』

世界很大，

余生
不必再见

如果嫌我脾气大,去找个漏气的吧

> 谁还没点脾气,
> 忍不了就去你的。

看到有人寻求解酒的方法,我就把之前给前任存的解酒小秘方分享给了他。

"想不到你这么温柔体贴,想要同款女朋友!"

"装的,实际上有很多臭毛病。"

"比如?"

"脾气易燃易爆炸,一言不合就去厨房磨刀。"

两个人刚认识的时候,总是尽力把最好的一面呈现给对方。可是相处久了,缺点便渐渐暴露出来。倘若对方把你看透,却依然不离不弃,那才是真爱。

我最讨厌的是,男人刚开始对女生好得不行,仿佛什么缺点都可以接受,后来态度越来越恶劣。所以,你要是疼不起,一开始就别装。

我凶起来很吓人的,如果我只对你撒娇卖萌,那就证明你真的很重要。

有一次 Yuki 半夜在酒吧喝多了,给我打电话。电话里的声音太嘈杂,我不放心她,便出门打车去找她。

回家的路上,她哭花了妆。

原来她在一些共同好友的朋友圈看到她男朋友经常给很多漂亮女生点赞评论,便引发了这场"深夜世界大战"。Yuki 平日性格温顺,对男朋友也是好到没话讲,简直是"中国好女友"。

送 Yuki 到家,她男朋友在沙发上看电视,她冲过去指着他说:"你给别的女人点赞一次,我就觉得你出轨一次!"

生活中的长久陪伴,通常是在小打小闹中度过的。床头吵架床尾和,也未尝不可。

我愿意把我的东西赠予你,我的时间,我的爱,我的胡搅蛮缠,我的狰狞和可爱,连同我的怪癖、坏脾气、一千八百种坏毛病。我从没问过你想不想要,我只知道,这些我从不给别人。

人总是把好脾气留给陌生人,把坏脾气留给最亲近的人。

"服软"是一种宠爱,是爱你的证明,而不是你用来恃宠而骄的筹码。

爱就是,我想把我能伸手拿到的,举手捞到的,踮脚够到的,跳起来抓到的,踩着高跷摘到的,都给你,而且不用你开口。但是不爱,连放个屁都不想给你闻到。

很多男生心里都疑惑:"为什么这么多女生说炸就炸了?"

追根寻底，原因都出自男生身上。

"如果在我闹脾气的时候，你能别动不动就跟我讲道理，在我不坚定的时候，你能说点什么感动我的话，让我拥有无论做什么都不会被丢下的感觉，我一定会变成你喜欢的样子。"

如果最后我们没能在一起，希望你别忘了我们在一起的日子。

就算那时候的我喜欢胡乱发脾气还小肚鸡肠，甚至为了一些鸡毛蒜皮的小事跟你吵得不可开交，你也要记得，我任性地爱了你好久好久。

我的优点就是性子野，但制服我可以解锁更多功能。

"我生下来就是被人宠的，而且被宠坏了。理想就是被宠得无法无天。"

都说女人是水做的，温柔体贴，不会乱发脾气。我也是，只不过我是雪碧，得捧着，不能晃，易炸。

"如果你嫌我脾气大的话，那你去找个漏气的吧。"

如果嫌我爱花钱，去找个招财猫吧

我是物质，但如果没用你一分钱的话，
麻烦你原地爆炸。

"我老婆太败家，一天到晚买买买，我该怎么办？"

在某宝砍手砍得正欢乐的你乔，本着凑热闹不嫌事大的心态，点进去看了个大概。看完之后一肚子火，事情的大概是这样的：

月薪八千的国企凤凰男嫌弃自己月入两万、工资全上交、只留下两千八百块生活费的老婆，花钱无节制，只因买了件三百块的大衣。

我刚来杭州的时候，买了特别多的东西。搬过家的人都知道，换了新环境，很多东西都要买新的。

Papi 酱有一个视频是《我记得我去宜家，只是为了买个沙发而已》，说的就是我这样的。到杭州的第二天，从早上 8 点到下午，我一直在收快递。中午的时候我对着满地的快递，拍了张照片，发朋友圈说："想当个败家老娘们，一天到晚啥都不干，就败家。"

有个人跑过来酸我,说小姑娘家家的怎么这么物质。

我是物质,但如果没用你一分钱的话,麻烦你,把嘴闭上,谢谢合作。

我能陪你看尽繁华,也能陪你淡饭粗茶。

如果一个女人刚开始没嫌弃你穷,最后分手一定不是因为金钱,而是对你彻底失望了。

有个富二代闺蜜,从小养尊处优。前段时间找了个收入一般的男朋友。虽说对于上班族来说,月入过万已经不错了,但对于开Porsche911、穿Chanel高级定制、背限量Hermes、踩CL红底鞋的她来说,都不够去酒吧开个趴。即使是这样,她还是选择了和他在一起,并且毫无怨言地陪他搭地铁、吃快餐。

由于价值观不同,男方很快就开始埋怨。比如情人节那天,闺蜜发朋友圈说:"想收到一生只送一人的玫瑰花。"便被男朋友指责太败家,一束花的钱是他一个月的生活费,诸如此类。

"其实很多男人不知道,大部分女人要的只是一个'我肯为你花钱的态度',但我不要你给我花钱。没这个态度就算了,还各种嫌女生爱钱,缺你这点钱啊?"

不管是十块钱的玫瑰,还是一千三百多块钱的roseonly,只要你要,只要他有,就算没有,他也会尽量满足你。

我就是想对自己好点,关你屁事。

前段时间去成都,因为拖延症,12点40分的机票,我12点才到机场,慌慌张张下车就把行李箱落在了出租车上。一下飞机我就杀到了百货商场,补完丢掉的化妆品,向一个整天说我熬夜写文章太辛苦,让我别写了,口口声声说要养我的男生诉苦,然后对方来了一句:

"什么都买名牌,至于吗?女人的虚荣心啊,养不起!"

当然,我把他骂了。

"女生都虚荣,说不爱钱不爱名牌都是屁话。而我,恰好就想为自己的虚荣心埋单。"

喜欢的包我自己买,大米我家也有。麻烦你离我远一点!

开着游艇谈恋爱也好,拉着板车谈恋爱也好,其实只要有对象,就已经很幸福了,所以知足吧。如果我有对象,还是希望开着游艇谈。

"如果嫌我爱花钱的话,那你去找个招财猫吧。"

如果嫌我黏人,和不粘锅谈恋爱去吧

> 想做你怀里的猫,
> 连睡觉都是在撒娇。

正写文章呢,收到群聊提醒,我就去瞄了一眼。有个妹子在请教问题:

"男朋友早上还好好的,可是下午就很奇怪。讲话莫名其妙,回信息也很慢,不知道怎么了。

"关键他竟然还不知道我生气,可是我又不想告诉他我生气了。感觉自己好矫情,但是不说就莫名委屈,想哭。"

前几天也收到了一个男生的留言,他问我如果有一个女人很爱他,但是他又不懂得怎么去照顾她,应该怎么办?

"不懂可以问,可以学。如果只有一张'我都不知道她究竟想干啥'的嘴,那我只能劝那个男人别活了。"

其实每个女人都很好哄。没有什么会不会,也没有什么不知道从何下手。取决于你愿不愿意哄。

我不是黏人，我只是黏你。

心理学上说，大多数人只对安全度里的人发脾气，因为在那个安全度之内，你潜意识里，知道对方不会离开你。

最近朋友来找我诉苦，说："异国恋特别累，也许他喜欢别人了吧，感觉现在就剩我一个人在坚持，我们每天都说话，但都是我主动找他。就算我消失他也不会找我吧。

"我们在一起的时候，天天都见面。我不怎么看手机，每次一打开手机就会看到很多他的电话和短信。他走的那天我们出去吃晚饭，回家的时候他满脸的眼泪，我们就抱在一起哭。我当时感觉他特别喜欢我，现在异国，却是我一直在发信息给他，慢慢就感觉出他的不耐烦了，我想放弃了。

"我也不知道能不能坚持到他回来了。"

想做你的枕边书，怀中猫，还有意中人。

我们都像小孩儿。胡闹是因为依赖，礼貌是源于陌生，主动是因为在乎，不主动是因为觉得自己多余。我也想天天粘着你撒娇卖萌，可是你那么忙，都没空搭理我。

女生都有一个通病：喜欢谁，就想挂在他身上。

不管内心多么强大，生活独立的女汉子最后都会变成给一颗糖就会在你身后喵喵叫着拽你裤腿，直到你明确说了"你走开吧，我不要你"之后才被抛开的小流浪猫。

你应该找个不爱你的女孩。因为她不会吃醋，不会无理取闹，不会黏着你。你找不找她，她都不会介意，你爱去哪就去哪，她从来不闻不问，反正有没你她根本不在乎。这样的女孩才是你想要的，她给你自由，不和你吵架，既懂事又大气，除了不爱你，没其他的毛病。

像我这种吃软不吃硬的人，天生就需要被人宠着。如果你吼我，我也会很凶地吼回去。但是如果你对我服软，我就会变得很乖，像猫一样赖着你。

下辈子做只猫，白天你上班养我，我在家晒太阳，玩你领带，踩你短裤，晚上你抱着我睡觉。你带回来的女朋友，我把她们的脸全抓花。

"别再做情人，做只猫，做只狗，做只宠物，至少可爱又迷人。"

喜欢是张口就来，爱是小心翼翼。

八月长安说："如果我能少爱你一点，你一定会发现我是一个特别好的人。有时候爱会让人面目可憎。"

如果当时的我，在你面前没有因为爱情而变得面目全非的话，或许你会喜欢我多一点。如果爱你能少些的话，话就能说的多些了。

感情本来就不应该是一个人束手束脚的理由，道理我们都心知肚明，到了那个人面前却只想毫无保留地一头扎进去，再也不挣扎。因为太爱一个人，把自己暴露得太真实无遗，结果只注意自己很用力地去爱了，却忽略了对方是否能承受这样的方式。

我们不断在爱情中尝试靠自己，扛不动的快递走一段歇一段，打雷害怕的时候就戴上耳机。可是那个人又觉得，我想要的不是没有缺陷的你啊。

大概需要经历很多，才会明白，无论是毫无保留还是防备满满，在爱情之中所有的完美或者不完美，都是爱太多的结果。

心都碎成饺子馅，还想趁热给你吃。

喜欢就是想二十四小时黏在你身边。

爱的方式有很多种。每个人表达的方式都截然不同，唯一的共性，就是只想跟你在一起。

我不知道别人是怎么谈恋爱的，我反正是恨不得二十四小时挂在对方身上的那种。

以前单身的时候希望能和男朋友瘫在沙发上看看电视、吃吃东西。可后来啊，爱的人在身边，怎么可能有心思看电视，肯定黏在他身上完全动不了。

林熙问："女汉子和小公主谈恋爱的区别是什么？"

我指着自己："看这里，看这里，小公主就是我！"

他白了我一眼，让我去死。我踹了他两脚后告诉他，爱情中没有女汉子和小公主的区别。每个人都有一颗少女心，都想每天赖在对方身边要亲亲，要抱抱，要举高高。

得不到的永远在骚动，被偏爱的都有恃无恐。

你不回信息，我就闹个天翻地覆；你不理我，我就赖你怀里不走。爱着的人渴望亲密，渴望形影不离；被爱的人渴望独立，渴望自由。

我有个男性朋友，以前的择偶条件特别简单粗暴，就是不喜欢女生作。最好不要天天发信息问他在哪，不会催他回家，不会吵着闹着要他哄，不会视频"查岗"。总而言之，就是不去干涉他的生活。

可现在他朋友圈全是女朋友的照片，两人是异地，每天都视频到大半夜，总是有说不完的话聊不完的天。

有很多像这位朋友一样的人，在没有遇到那个想停泊的港湾时，都高冷得像是自己的生活一点也不需要另一个人陪伴。

也见过很多大男人在恋爱后，秒变玻璃心男孩儿，也会在另一半不回信息、不接电话时，着急得像是和家人走散的小朋友。

喜欢一个人的证明，就是开始超级黏人。

其实每一个人生来都是独立的个体，可以不依赖任何人生活。一个人可以逛街吃饭看电影，孤独并不是什么难以忍受的事情，自己也可以把自己照顾得很好。

可是自从遇见了你，我就像突然丧失了生活能力的小朋友，做什么都需要你陪，委屈只想跟你说。其实我不是黏人，只是想什么都赖着你。因为太爱你，想把自己所有的喜怒哀乐都和你分享。

爱一个人就像突然有了软肋，也突然有了盔甲。我可以是徒手拆快递的女汉子，也是你那个拧不开瓶盖的小公主。我可以是自己逛街吃饭的单身狗，也想连去个洗手间都有你陪。我一点都不怕孤独，却需要你时常陪伴左右。我可以自己独立地完成一万件事，可也希望你能存在于我生活中的每分每秒。

都说爱有一万种样子，可对我而言就是赖着你。

我摔倒了可以自己爬起来，顺便拍拍身上的灰继续往前走，可如果有你在身边的话，我一定会忍不住大声哭出来。我可以自己拎着重重的行李箱，走南闯北，但更想在有你的地方，落叶归根。

我很忙,但对你一直有空

秒回是世界上最温暖的牵挂。

约丸子一起下午茶,整个下午她都在不断地看手机。

我翻了一个白眼,调侃她:"你不秒回信息,他又不会报警。"

丸子一脸傲娇地说:"你不懂,在身边不玩手机,分开时秒回信息,这是对感情最起码的尊重。"

喜欢一个人,就会手机不离手,生怕错过对方发来的每条信息和每通电话。秒回的人应该很温柔吧,他不舍得让你等太久。

我很忙,但对你一直有空。

丸子和男朋友在一起半年多。虽然在同一个城市,也都有各自的工作要忙。但不管有多忙,在对方发来信息的时候,都会丢下手头上的工作回复。

恋爱中的人好像每天都闲得要死。一发消息就秒回,好像不用工作、吃饭、休息。他们哪里知道，对于其他人，你是那种忙得饭都吃不上的人。

之前在朋友圈看过一个公式：

找你频率 = 爱你程度

回复时间 = 在乎程度

秒回不是凑巧，是我一直在等。信息要发给会秒回的人，笑容要留给对你好的人。

像我们这种手机不离手的人，没有秒回你的信息，就是不爱你啊，傻孩子！

公众号后台收到最多的问题是：

"他为什么不回我信息？"

"他为什么不主动给我发信息？"

如果他心里有你的话，你不找他，他也会主动联系你。相反，如果他心里没你，就像装睡的人，只有快递才能叫得醒。你不喜欢的人发信息给你，你也会装作没看见，过了数小时后，才随意回个表情应付下。而喜欢的人发来信息，即使你在洗澡都会擦干手秒回。

对你发的消息视而不见的人，真的没把你放在眼里。

我回你是秒回，你回我是轮回。

找一个愿意给你回应的人，选择一份不需要掩饰自己情绪的感情。

何必热脸贴别人冷屁股，就算是你非常非常喜欢的人也不要卑躬屈膝。

信息要发给会秒回你的人，笑容要留给对你好的人。

我爱你，要说给会珍惜的人。

"我可能下了个假微信，一天到晚都没响一下。"

陶子一分钟看八百遍手机，每次结果都一样。陶子男朋友是个看上去文质彬彬的 IT 男，每次因为没有回信息惹毛陶子后，总用工作忙这个理由哄她。

有一次我和采儿逛街，看到陶子男朋友牵着别人的手，我立马打给她，问 IT 男在哪。陶子说："他还能在哪，在公司忙呢，没有时间搭理我。"听完之后我火冒三丈，立马拿起手机拍渣男给她看，并回了一句："别再为他找借口了，他不回你信息，是因为坟头信号不好！"

在那之后，陶子再也没和 IT 男联系过了。

其实我们也都像陶子一样，可能心里早已经如明镜般知道。

他其实没有那么喜欢我，他其实当我是打发时间的工具，他其实压根就没在乎过我。

您好，您拨打的用户，假装没听见，要点脸的话请永远不要再拨。

我也谈过像陶子那样的恋爱，每天守着手机等信息，活脱脱像个望夫石。可想了想，特朗普都有时间发推特，他那么忙应该是去太空站了吧。

在乎你的人，再忙都会回你信息，不在乎你的人，坟头都不会有信号。

一般来说手机不离手的人，不回信息就是不想搭理你。别总是拿出手机假装看时间了，他多闲也不会找你。

别去打扰那些很久都不回你信息的人。

采儿前男朋友和陶子的 IT 男一样，信息爱回不回，电话爱接不接，每次也都说自己忙。

"他忙个屁啊，又没有工作，都是靠我赚钱养他，每天在家打游戏，现在连游戏都比我重要了。"

最后她结束了这段两年多的感情。抛开渣男的行为不说，我问她："在一起那么久了，舍得吗，不痛吗？"

"肯定痛啊！但他的忽冷忽热断了我想和他天长地久的想法。"

采儿是个坚强又果断的妹子，说断就断，及时止损。现在的她过得很幸福，有一个视她如珍宝的未婚夫。他能在洗澡时擦干手回她信息，能在电话响第一下的时候就接听。采儿一脸幸福地说："他是我合脚的鞋，是我不用再遥遥相望的避风港。"

你应该见过熊孩子吵着闹着缠着，要别人不愿意给的东西吧？所以你知道你缠着不爱你的人，想让他多看你一眼，有多烦人了吗？

不适合的鞋就别硬塞了，磨的是自己的脚。不回你信息的人，就别等了，伤的是自己的心。

"时间不能一直浪费在追随的路上。"

你未必忠诚,只是没机会放荡

> 你未必痴情,
> 只是没机会去浪。

"你怎么又单身了?"

"他外面有'狗'了。"

那天晚上,男朋友说在喝酒,桔子却从电话里听到了按门铃的声音,后来她在 APP 定位里发现对方在酒店。

桔子男朋友是富二代,和桔子在一起之前整天沉迷蹦迪无法自拔。以前微信里全是女神级的妹子,和桔子在一起后,退掉了几百个蹦迪群,朋友圈不分组公开恋情,让我不止一次羡慕"别人家的男朋友"。可就在春节桔子回家过年这几天,男朋友又开始了夜夜笙歌的生活。

"他还是那么爱玩。我以为有多爱我呢,也不过如此。"

你未必始终如一,只是没机会放荡。终究是人,始终禁不住世间的诱惑。

前段时间树苗给我发了一张《义乌××哥怀里抱着一个KTV公主》的图,摊着手对我说:"你看吧,男人一有钱就变坏了。和我前夫那条狗,一路货色。"树苗和她前夫在一起七年,从校园到婚纱,陪着他从地下室住进北京三环。那段最苦的日子,一个馒头两个人分着吃。

结婚时,他对树苗说:"有再多的诱惑我都不会辜负你,这辈子都会好好珍惜你的。"忠诚是因为背叛的筹码不够大,受到的诱惑不够多。

树苗说:"以前没钱,他从来不去那些灯红酒绿的地方。现在事业越做越大,每天都能从他衣服上闻到野女人的味道。"

每年新iPhone的发布会,我也和很多人一样,信誓旦旦地说:"还是旧的好,新机子好丑。"可最后还是屁颠屁颠地换了新机,当初说这些话的原因没别的,就是因为穷。

你未必忠诚,只是没钱去浪。你未必痴情,只是没机会放荡。

那些打着痴情名号的人,未必情深似海,不过是脱掉了浪荡的外衣,过了一把痴情的瘾。

我能把你宠上天，也能杀你不眨眼

> 我能惯着你，
> 也能换了你。

　　爱一个人就想把最好的都给对方，西瓜最甜的部分留给你，蛋糕上的草莓留给你。想把世界上最好的东西都给他，想把他捧在手心里，走到哪里都带着。

　　皮皮就是这样对待她男朋友的，自己有一百块钱的话，她绝对把九十九块都留给他。和她一起逛街，看到男装店，她都会不自觉地走进去，给男朋友买几套新衣服，简直是宠到天上去了。有时候眼红起来，真的想问她还缺不缺男朋友。

　　可皮皮昨天分手了，就因为自己把男朋友宠坏了。对方养成了一种坏习惯，觉得皮皮对他好是理所当然的。她感慨地说了一句：

　　"我把他当成宝贝宠上天，他却开始嫌我不够高。"

　　我能把你宠上天，也能杀你不眨眼。

在男朋友一次又一次百般嫌弃下，皮皮忍不住提出了分手。本来我以为她会拉着我出去醉个三五天，结果她分手后更洒脱，笑得比以前更开心了。

皮皮灭掉手里的烟，一脸不屑地说道："跟他在一起时，他的饮食起居都是我管的。我把他一日三餐照顾得妥妥的，他的社交圈子也是通过我去建立的。可他还总是嫌东嫌西，嫌我煮的东西不好吃，买的衣服不好看。那口气忍到最后，老子不伺候了。

"听说他前几天还找同事借钱来着，我那些朋友也都因为我的原因，对他置之不理。

"在我爱他对他好的时候不知足，现在沦落成什么样，都是两个字，活该。"

你可以图一个人长得帅，可以图一个人有钱，甚至可以图一个人的家世，但你千万不要图一个人对你好。一旦他不想对你好了，你就什么都没有了。这句话也可以套在男人身上，一个女人爱你的时候，她会倾尽所有对你好，一旦她想放弃了，你就什么都不是。

我能惯着你，也能换了你。

我喜欢你的时候，你做什么我都觉得你可爱。我不喜欢你的时候，你做什么我都觉得你恶心。

我之前很喜欢过一个男生。

我每天都屁颠屁颠地跑去找他聊天，可他明知道我喜欢，却爱理不理。他发朋友圈说喜欢某双鞋，我就问在各个国家的代购能不能买到。记得我当时卡里只剩下一万三,却毫不犹豫订了那双一万二的鞋。

他拍戏背台词到崩溃,我就用各种方法逗他开心,去微博找段子,找一些搞笑视频。一次次满腔热血换来的只是无尽的失望后,我选择了放弃。当我不再每天和他说早安晚安,不再每天在他面前刷存在感时,他却跑来说:"你都不跟我讲段子了,我已经不是你心尖的小妖精了。"

有句话叫做,我喜欢你的时候,你说你是谁就是谁;我不喜欢你的时候,你说你是谁。

喜欢一个人的感觉,就像欠了他很多钱。被爱的人都是大爷,可感情里没有谁欠谁的。爱情是相互的,再有精力的人,主动久了也会累。

我捧你的时候你是杯子,松手时你就是个玻璃渣子。

这世界上没有谁应该对谁付出的多一点儿,有人对你好的时候,请你好好珍惜。我喜欢你时,你怎么作都行;我不喜欢你时,你连呼吸都是错的。在我愿意爱你的时候,我会给你力所能及的一切;一旦我热情耗尽,那就漂流瓶见。

我有洁癖，而你刚好是个垃圾

有些人就是喷再多香水，
也掩盖不了身上那股人渣味儿。

　　垃圾是指那些不需要或者废弃无用的肮脏破烂之物。
　　生活中垃圾很多，人渣也是其中一种。在感情路上，我们会遇到各种各样的人渣。他们让我们知道如何去爱，同时也知道如何不敢再爱。他们出现在你的生命里，就是为了告诉你，你真的很好骗。
　　那些被称为人渣的人，最开始也是踩着七彩云朵而来，照亮过你的全世界。
　　小依凌晨3点哭着给我打电话说："我这么宝贝的一个人，怎么在他那里就什么都不是了呢？"
　　小依怀孕了，告诉男朋友后，对方提出了分手，还诋毁小依在没和他在一起之前就和很多男人暧昧不清，孩子是不是他的都还不一定。
　　和男朋友在一起之后，小依给他洗衣做饭，从未下过厨的她，五指沾起了阳春水，不止一次被热油烫伤。这不是她的职责，但她仍甘之若饴。

你喜欢浪，我就血染战旗争天下；你想要安稳，我就放弃戎马给你家。

枯藤老树昏鸦，你渣没事我瞎。

人渣的意思是，我可以给你表演一场相爱，我也可以随时玩腻抽身。你不可以说不。

和小依分手后，对方发朋友圈说："谈恋爱吗，一怀孕就分手的那种。"

之前看《欢乐颂》，看到邱莹莹被白主管骗得团团转还在为他找尽借口的时候，我简直气得牙痒痒。事情总是旁观者清，当局者迷。邱莹莹有樊胜美帮她辨是非，让她及时止损，但小依没有。

爱情漫漫长路中，总说"对不起"的，是人渣，而总信那句"对不起"的，是傻瓜。总拿性格当幌子去掩盖人品上的缺陷，说到底就是人渣。

生活中聪明伶俐的我们，却意外地变成了爱情中不知所措的笨蛋。没人教我们辨是非，也没人能控制谁走进自己的生活，但我们可以选择从哪扇窗户把他扔出去。

"拎着垃圾的手，怎么腾得出来接礼物。"

握不住的沙,不如扬了它

爱情就像流沙,
既然抓不住,何不送一程。

看完电影《摆渡人》,我发微博说:"历史总是惊人地相似,我这次又来厕所哭了。"继《从你的全世界路过》之后,张嘉佳又赚了我一把眼泪。很多人看部电影就能洋洋洒洒写下几千字评论,分析剧情、剖析人物内心、理清时间线,并且点出背后暗含的哲理人生观世界观,明线暗线感情线,甚至导演背后的故事与人生经历造成的影响。我佩服极了,换了我来写就只能写两个字:好看。

电影里梁朝伟扮演的是摆渡人酒吧的老板陈末,《从你的全世界路过》里的陈末是很多孤独灵魂的阳光,而《摆渡人》里的陈末是山间温暖的风,是渡执念上岸的引路人。

"摆渡人渡的是你,留下的是我。上岸的人各奔东西,完结每一段不得不完结的关系。"时间一直向前走,没有尽头,只有路口。你是我矛盾又期待的梦，抓不住却又想拥抱的风。

进电影院之前，我以为《摆渡人》是部喜剧，结果却哭得不能自已。电影之所以感动，不是因为剧情有多跌宕起伏，台词有多直指人心，而是我们总能在别人的故事里，看到自己的悲欢离合。不管是电影里放不下执念的李宇春，还是新郎没有出现在婚礼现场的落魄新娘贾玲，都像极了你我。

一个人真正地投入到一段感情中时，全身的每个细胞都尝试着让这段感情开花结果。情感如汹涌的波涛，就等泄闸的那一刻。结果闸告诉你，它永远不会打开了。就像没赶上的公交车、没尝到的小吃、没做完的美梦、没看完的电影，是矛盾又期待的梦，是抓不住却又想拥抱的风，总归全是憾事。

我们把一切都投入到另一个人身上，然后瞬间被抽离，承受不来，所以放不下，不甘心，所以放不下。很多时候放不下的，只是自己的付出。人生在世，就是一场不断送死又不断重生的游戏。

这世界上没有什么事是放不下的，就如同往手里的杯子倒入滚烫的开水，当溢出的水烫到手，自然就会放手了。

缘像冰，将冰拥入怀中，化了才知道缘没了，抓着会痛，不放手也会消失。真正适合你的不是伤人的冰块，而是一杯温暖的热茶。

电影里梁朝伟对贾玲说："有些事情你必须要面对，你不放，他不放，你还可以爱上别人啊。"总有些事情，不管愿不愿意都会发生，不管我们怎么躲避，都会来临。总有些人不管放不放手，都会离开。爱情就像流沙，握得越紧就越留不住。真正属于你的赶不走，不属于你的再执著也得不到。

握不住的沙，那就扬了它。《山河故人》里有句台词："每个人都只能陪你走一段路，人总是要分开的。"

其实很多人的出现，就是为了离开。青春本来就是一场马不停蹄的遇见与错过，花开了终究会落。

人生若是无憾，那该多无趣啊！就算终有一散，也别辜负相遇。

女人是猫，只想在爱里撒泼打滚

> 想做一个59分的情人，
> 永远不及格却被宠爱着。

小欣化身"嘤嘤怪"发微信给男朋友："哼！都怪你，也不哄哄人家，人家超想哭的！捶你胸口！大坏蛋，要抱抱，嘤嘤嘤，人家拿小拳拳捶你胸口！大坏蛋！打死你！"

对方却一通电话打过来问她："你微信被盗号了？"

小欣苦笑着告诉我，和男朋友在一起两年，懂事是贴在她身上唯一的标签，能自己来的事情绝对不会靠别人，就连难过时也都是自我疗伤。

"懂事真的好累啊！"

成年人的世界是不给对方添堵，是难过时忍着不能说。

心事是哽咽在喉咙里的血，瘦是饿出来的，懂事是没人疼出来的。和男朋友在一起两年的小欣，无时无刻不在扮演着"中国好女友"的角色：不使小性子不耍小脾气，不无理取闹不看男朋友手机不侵犯对方隐私，不死缠烂打不追问烂醉到凌晨才回家的原因，并且在每次对方喝多的时候递上一杯蜂蜜水。

小欣变懂事是因为有一次发烧需要男朋友时，对方说："生病就去医院啊！都多大人了还跟个孩子似的。"

女人都是猫性的，简称"记仇"。在最需要安慰的时候被你泼了冷水，就再也不会主动开口索取什么。曾几何时，小欣又何尝不是那个会吵着闹着想要橱窗里洋娃娃，买不到就着急跺脚的小女生，何尝不是那个整天要亲亲要抱抱要举高高的小朋友？

从一哭就有人哄变成再苦都要带着笑，我本不想当洒脱装酷的成年人，只想在爱里撒泼打滚。路痴有人接，胆小有人陪，不会煮饭别人做，玻璃心找到可以依靠的肩膀。会哭的孩子有糖吃，洒脱的女生没人疼。

小欣下午和男朋友提出了分手，说的最后一句话是："我不想再做一个'懂事'的女朋友，只想随心所欲说出自己的想法。不想有事的时候说没事，不想有关系的时候说没关系。"

小时候会因为吃不到糖而撒泼打滚，又哭又闹，长大后却眼巴巴地望着玻璃橱窗里的洋娃娃假洒脱。这世上有太多想说却不能说出口的话："你能不能陪陪我，你能不能留下来，你可不可以不要离开我？"到最后哽咽说出口的是："没关系，我可以的。"

你走吧，我一个人会更好。不想再做个满分的女朋友，只想做个五十九分的情人，永远不及格却又被宠爱着。我无理取闹，你都舍不得骂我，还心软给我抱抱的那种。

"想做你的小公主，只吃情话不吃苦。"

我喜欢不一样的东西,和专一的感情

> 我不喝被人喝过的水,
> 也没兴趣和别人分享同一个谁。

在机场候机时,收到一条留言:

"乔,告诉你个好消息,我被绿了。"

虽说要想生活过得去,头上必须带点绿。但对于男人来说,这也是最不能容忍的。听到这个消息的我,除了发去杭州人民的贺电,还顺便八卦了一下来龙去脉。

故事主人公小何是北京千万北漂中的一员,和女朋友在一起半年多,虽说住着租来的不大的房子,也还是挺幸福的。有天女朋友洗澡时把手机放在床头充电,连续响了几声后,小何忍不住偷瞄了一眼。

手机解锁屏幕显示一个叫"客户"的人发来的微信:"亲爱的,等哪天你男朋友加班,我们去车震吧。"

大概猜到剧情的他没有质问女朋友,只是连续抽了几根烟后,假装睡着了。想分手又舍不得,不分手又觉得自己太窝囊。其实无论是爱情还是友情,男人还是女人,都没办法接受第三者。

我不喝别人喝过的水,也没兴趣和别人分享同一个谁。

我喜欢不一样的东西,和专一的感情。我爱你的主语是我,宾语是你。所以爱情只能跟咱们两个有关,不关别人的事。

小秋发朋友圈说:"只要你牵了别人的手,就不再是我的英雄。"

不用猜也知道小秋又和所谓的"暖男"吵架了。小秋的现任是学生会部长,小秋就是被他的暖人劲儿打动,所以才接受了他的追求,可现在也被他的"雨露均沾"气到跳脚。哪个学妹发了条动态说胃疼,他都会叮嘱多喝热水;哪个女生生理期不舒服,他也要问候到人家生理期过完。小秋已经不止一次跟他吵架了,可每次她男朋友都义正言辞地说这是自己的部员,应该关心,并且埋怨小秋过于小心眼。

可能在男生看来,对其他女生的关心、寒暄很正常,不过是女朋友太多事了。但是既然两个人选择了在一起,就不要质疑她感情的自私。如果非要质疑,那你就直接滚吧。

要么听话,要么走人。

在女生的心里,爱情都是特别自私的。你是我男人就只能关心体谅我一个人。不是反对你和别的女人正常社交,但请你记得,老子才是你的正牌女朋友。我眼里容不得沙子,也许你没到出轨的份儿上,但我还是感受到了暧昧的气息。

既然你对我的感情不能纯洁像白莲花,那我也只能收起真情,独自前行。

　　爱情是我们两个人的事情，所以请你区分女朋友和女性朋友，也请你分清主次、划清界限。别的事情都可以不讲究，都可以不计较，但唯独你——我爱情里的主角，我不可能和任何人分享，哪怕一点点我都将就不来。以前你可以左顾右盼雨露均沾，但是要记住，来到我的世界就请收起你的花花肠子。

　　以后的日子不管有多艰难，我都可以陪你，以后的生活不管有多坎坷，我都可以伴你。

　　所有的事情只有一个前提，你只能有我。

　　爱情是两个人的事情。爱一个人就是为他断掉所有的退路，什么事都可以模棱两可，唯有爱不能和别人分享。

　　小张谈恋爱的时候，无论走到哪都会带着女朋友一起。就算跟朋友聚会、出去应酬，无论大事小事总会告诉她，朋友圈里也无一例外都是她的照片。

　　有一天跟小张聊天时，说起他现在的生活，我调侃他说：

　　"你谈个恋爱，俩人都快成连体婴儿了，什么时候出来和我们一起浪啊？"

　　小张笑着说："你不知道，我女朋友特别没有安全感。之前有一次我和她吃饭时，前女友不知道怎么回事给我发了个微信，被她看到了，伤心了很久。

　　"后来我就把前任删了，既然选择了跟她在一起，就不能让她不开心。"

爱情是有唯一性的。像孔雀东南飞，五里一徘徊，又像梁山伯与祝英台，恩怨缠绵。

数学里有个温柔又霸道的词叫"有且仅有"。我光明正大地和你在一起，同样也需要你不留一点儿余地地爱我。

我喜欢喝纯粹的酒，抽浓郁的烟，谈干干净净的恋爱。没有小三小四，也没有暧昧不安。我不担心别人要你的微信，也不担心你一个人穿过迪厅。因为你的爱只属于我，你的眼里也只有我。即使外面车水马龙、人潮汹涌，我心里只有你一个人，便再看不见旁人了。以后灯光闪烁，不管你身边摇曳着谁，都希望你自始自终，只爱我一个人。

"我不喝别人喝过的水，也没兴趣和别人分享同一个谁。"

人心不足蛇吞象,最怕渣男装深情

> 说爱我,
> 你是装得最像的那一个。

爱情里不怕遇到浪子,最怕的就是遇到伪装痴情的人渣。

现在很多男生打着玩累的旗号,说想定下心安安稳稳谈个恋爱。初相识就对你展开三番五次的糖衣炮弹式轰炸,后来当你慢慢沦陷,甚至开始恋爱时却发现,你其实只是他的露水情缘。

露西是颜值高、身材好的极品女神,已经单身一年多了。每次我在朋友圈秀恩爱时,她都会说自己正在拎着刀来我家砍死我的路上。前几天约她出来,一贯神采奕奕的女神像只霜打的茄子,我才知道一向小心翼翼、担心遇人不淑的她,结果还是被套路了。

人心不足蛇吞象,最恨渣男装深情。

问世间渣为何物,直到我遇见了你。

《奇葩说》里有个漂亮女生说:"很多人说,长得好看学历又高的女生，简直就是人生赢家，感情之路也会非常顺遂。"

露西就是那种长得漂亮学历还高的女神，但感情之路却一直磕磕碰碰。前任是个高富帅，费尽心机把她追到手后，整天带着她出去鬼混。刚开始的时候露西觉得挺开心的，他愿意让她融入自己的社交圈。分手的原因是，有一天露西点开了一个百人群，刚好有人在议论自己男朋友，出于好奇就附和了几句。但是后来的对话，像几千根针扎进她心里。

"听说×少最近找了个女朋友，还挺漂亮的。"

"对啊，还经常带那女的参加各种高端的活动。"

"哎，你们说×少这次不会是玩真的吧？"

"拉倒吧，他就是觉得自己泡了个正妹。不带出去炫耀炫耀怎么对得起他抱得美人归的优越感，就像女生买个新包都能拍几百张照片发朋友圈一样。"

"你们应该听说过，什么叫耍猴吧？"

气头上的露西直接把聊天内容截图发给了对方，对方马上打电话过来解释。

"亲爱的，我发誓我是真的爱你。咱们这个圈子有多少吃不到葡萄说葡萄酸的人，你应该清楚，你不能因为别人几句话就怀疑我这颗赤诚的真心啊。"

听完对方的解释，露西觉得也并不是没有道理。后来她也对自己无缘由的疑神疑鬼而感到愧疚，刚好几天后就是七夕，她要出差不能和对方一起过，于是当晚飞到了他的城市，又费尽心思准备了惊喜给他——在上海看外滩的最佳位置订了江景房，铺满一地的玫瑰蜡烛。

放着轻音乐的房间,格外醉人。

男朋友看到后很惊讶也很感动,还拍了很多照片。但躺在他怀里的露西不小心瞄到他把照片发到车友群的内容:"最近刚泡的妹子为我准备的。"

后来露西哭着和我说:"那时候他那么诚恳地追我,把我介绍给朋友认识,说'这是我老婆',我以为他和其他人不一样。

"我拿真心对他,他却把我的真心踩在脚底下。"

感情里最怕遇到渣男,但更怕遇到假装很爱你的人渣。

说爱我,你是装得最像的那一个。来自我心里的浪,想要沾湿你的衣角,是我一不小心撞上你的唇,误以为你真的爱我。

误入了别人的花园,差点以为自己拥有了整个夏天。

生而为人,谁没遇到过几个人渣。

从前车马很慢,一生只能爱一个人,但可以娶很多小妾。现在科技、互联网、时间都很快,一秒钟就能爱上一个人,但有些却不是人。

人生如梦,岁月如歌,人渣就像公交车,来了一车又一车。

时间在不停地走,时代也在一直地变。今天说爱你的人,明天就消失了。各式各样,不按常理出牌的套路,就像每个季节的新时装,王者荣耀的新英雄,这一季的流行款你还没有琢磨透,新的款式又来了。

打着谈恋爱名义招摇撞骗的男人最恶心了。我这个人一向没什么原则,只要你不骗我,什么都好说。大家都是成年人,你想上床就直接说出来,我又不会打死你。

"人心不足蛇吞象,最恨渣男装深情。"

有些人错过了,真是谢天谢地

很高兴认识你,
而不是很高兴认识过你。

陪一个失恋的人,比照顾一群熊孩子还累。熊孩子撒泼打滚买个糖就哄好了,而失恋的蝴蝶像熊孩子一样大哭大闹,却比熊孩子还让人无可奈何。

"老子这么漂亮,哪点比不上他的新欢?"她抽泣着,一边往嘴里塞着肉,一边破口大骂,整个海底捞的人都带着异样的眼光看着我们。说实话,挺丢人的。

我很想劝她注意点形象,别哭了,现在的样子特别像条狗。话到嘴边又咽了下去。就在我终于可以解脱,买完单走出门的那一刻,刚好撞到了她的渣渣前任,怀里还搂着新欢。

"新欢不错,这次准备睡几天再换啊?"蝴蝶话刚说完,对方就露出猥琐的表情回道:"比你多那么一两天吧。"

被恶心到的我，一巴掌甩到渣男脸上，拉着蝴蝶迅速逃离了"战场"。出租车上看着我瑟瑟发抖的右手，我俩不约而同地笑了出来。

"这么多年，只觉得真心喂了狗！"说完这句话，蝴蝶把手机格式化，SIM 卡也取出来从窗户丢了出去。

我们这一生会遇到很多人，有些人是用来怀念的，而有些人是用来成长的。

有些人错过了，真是谢天谢地。

很高兴认识你，而不是很高兴认识过你。

蝴蝶和他在一起一年多，相爱相杀、分分合合。那些甜蜜的瞬间像致命的毒药，一遍又一遍侵蚀着那颗千疮百孔的心。无论在爱情这条路上受过多少磨难，只要想起那些瞬间，都觉得还有回旋的余地。

即使因为爱情被新加坡的学校开除学籍，即使因为爱情花光了所有力气，刷爆了信用卡，即使嘴上说着早已放下，她还是会从黑名单偷看他的状态。不管身边的人怎么劝她，都无济于事。

"道理我都懂，就像鱼活在水里，也死在水里。"

前几天本打算陪她去迪士尼散心，结果因为下雨，我们愣是在酒店喝了一夜的酒，喝到最后她一直抱着我哭。以往的经验告诉我，安慰没用，通常你一堆废话还没说完，对方已经选择了和好。

我们总以为岁月漫长，会有大把的时间来挽回和原谅。但狗是永远喂不饱的动物。在一起时所有支出都是蝴蝶承担，分手前他还找她"借"了一笔钱。就在蝴蝶还在奢望对方玩够了能回到她身边时，不小心用亲密付买了一件衣服后，马上就接到了他的电话，开口就让她把亲密付解绑，顺便把刚才刷的那笔钱转给他。

爱情从来不会死于鲜血淋漓的相爱相杀，而是死于那一次又一次的小失望。

凌迟处死时的心凉，是心底最致命的伤。

往往放下一段感情，就是一瞬间的事。从陌生人开始，以陌生人结束，本就是错的人应有的故事。

这世上总有那么多感人肺腑的句子，说出来让人泪流满面，然后烟消云散。

有些人在你的生命中，是可有可无的；有些人在你的生命中，是教你成长的；有些人在你的生命中，纯粹是来恶心你的。

那些会消耗你的青春，浪费你的感情，抹杀你所剩无几的纯真，最后还让你落得臭名远扬的败类，错过了，真的要谢天谢地。

不经历人渣，怎么穿上婚纱，没有人能随随便便当妈。

人的这一生总会遇到很多人，有人带你步入天堂，有人引你走向深渊。把所有身心都压在一个人身上时，那么渴望与他天荒地老，你幻想着美好未来，他却偷偷收拾完行李、预订好离开的机票。

你我不过是命运安排的推演，放平淡顺其自然不必刻意为难。

人会变，情会厌，从没什么永远。

我们努力让自己变得更优秀，是为了去遇见更好的他。

前方的路荆棘满布，有些人微笑着不怀好意。青蛙仗着自己是王子，才索公主的吻。

感情里靠得太近会被吞噬掉自我，保持适当的距离就是拯救自己。只要还吃得下,人生就没有过不去的坎。很多事情当时想不通,别着急,过段时间再想,就想不起来了。

"有些人错过了,真谢天谢地。"

如若只是喜欢，何必夸张成爱

喜欢是一朝一夕，
爱是从心动到古稀。

    喜欢是加入购物车斟酌再三要不要付款的商品，而爱是就算不包邮也会秒付款的必需品。就像我今天喜欢吴彦祖，明天喜欢李敏镐，可我爱的至始至终，就只有王思聪一个。

    我喜欢吃苹果，苹果汁不行，苹果味的糖果也不行。就像我爱你，长得像你不行，性格像你也不行。

    喜欢是选择，爱是非你不可。

    不是爱就别说谎，就说有一点儿喜欢。

    之前看过一个小故事，有个女生迷路了，给三个男人发了短信。

    第一位说："注意安全。"

    第二位说："需要我来接你回去吗？"

    过了很久才收到第三位回复，只有短短几个字："转身，我就在你身后。"

速食爱情的年代，画饼充饥远没有拿在手里的面包实在。

如若只是喜欢，何必夸张成爱。这世上大多数人都像猫一样，在风雨里长大，偶尔遇到一点儿温暖，就当成了家。

小雪昨天来和我诉苦，说自己男朋友情商低，不懂心疼她。比如前天小雪痛经的时候，男朋友只说了一句"多喝热水"。

"如果他爱你，会这样对你吗？"

喜欢一个人是藏不住的，在乎也是。

我不舒服的时候老王也会说多喝点热水，而 Sunshine 先生在离我两千六百公里的地方告诉我八百种治病的方法，还在 APP 上找跑腿公司帮我买药。工作累的时候老王会让我加油，Sunshine 先生会很心疼地说："辛苦了，抱抱。"

喜欢的程度不同，在乎的程度也不同。

喜欢和爱不同。喜欢是不在一起才会惦记，爱是哪怕在一起，脑海里也全是对方的身影。喜欢是希望对方可以随时找到自己，而爱是希望可以时刻在一起。

"喜欢是一朝一夕，爱是从心动到古稀。"

喜欢你是真的，不愿将就也是真的

人类感情上的这些垃圾事，
最怕的就是瞎凑合。

有的东西不是努力就可以修复的。比如感情，不能将就。

你问我为什么固执而坚决，怎么不问问自己是如何让一杯热水逐渐冷却的？

年轻时以为，那双很喜欢却又磨脚的高跟鞋，多穿几次，多走几步，就会慢慢合脚。不合适也没关系，大不了两个四边形磨着磨着就成了两个可以重叠的圆。

席城那么渣，南湘还是对他念念不忘。张志明这么贪玩，余春娇依旧对他死心塌地。

当爱变成一道伪命题，无论被证明几次，答案都如出一辙。喜欢不能当饭吃，也不是每个人都有春娇与志明的美满结局。

毕竟现实中很多男人，连张志明都不如。

有时觉得两个人总比一个人好吧，至少不会那么孤单。年龄渐长才逐渐意识到，没这么多事可以将就。磨脚的鞋不行，感情更不行。

江山易改，本性难移。等爱情变味时再去惋惜自己当初的委屈和不快乐，已经回不到最初你爱上他的时光。

喜欢你是真的，不将就也是真的。

人类感情上的这些垃圾事，最怕的就是瞎凑合。

爱情里没有公平条款，就像两个人一起玩跷跷板，总有一方默默地在低处，仰视你。每个人都是自私的，付出的时候都说自己心甘情愿，但没有得到回报时，还是会忍不住计较。

苏苏刚和男朋友在一起时，把对方生活起居各方面照顾得无微不至。她无怨无悔地付出，男朋友却越来越得寸进尺。刚在一起时对她细心体贴，呵护有加，苏苏随手转发一篇伤感的文章，他会第一时间跑过来安抚她的情绪。可是在一起的时间久了，他对苏苏的心也大不如从前了，越来越随意。她虽然难过，可觉得都已经一起走过这么长的路了，不舍得放弃。

我们经常劝她别委屈自己，她总是为对方辩护："他现在只是还不够成熟，总有一天会长大的。"

可忍让越多，对方就越肆无忌惮。反正怎样苏苏都不会离开他，很多事情也越来越无所谓。直到最后苏苏再也忍不住内心的委屈，一个人收拾完所有的东西，再也没有回头。

她想通之后跟我倒苦水："我和他这一路走来很不容易。其实真的不想因为这些小事就放弃我们之间的感情,可真的好累。"

感情就像衣服上的钮扣,第一颗扣错,接下来只会步步错。有些事情不是原路重返,就可以再来一次。已经宣告不及格的成绩,再怎么涂改、补救都无法改变事实;明明是错的缘分,再怎么容忍也不会变成对的人。

我也曾赤忱爱你过,后来才知对与错。温水也会变冷,只是时间问题。

不怪洋葱催人泪,故问何必剥它心。像一只谨慎的兔子,壮着胆子喜欢你,你只是一个不耐烦的表情,我就红着眼睛逃回森林。

有一次和妈妈聊天时,她告诉我:

"谈恋爱就像买衣服,要多试几次才知道什么适合自己。也许你会在进第一家店时看到一件非常喜欢的衣服,可穿上以后你才发现其实没有你的码。但你就是喜欢,就是想买,觉得哪怕小一点儿都没关系,等瘦了再穿呗。可买回去以后就放在衣柜里,再也没有拿出来过。很久以后你整理衣柜时发现了那件衣服,拿出来试了试发现还是不合适,于是就开始心疼当时为了买那件衣服花的钱。"

爱情就是如此。爱上一个人时,他的不好你觉得可爱,他的缺点你可以包容,所有你曾经不可能接受的问题,都想着再忍忍,也许以后就好了呢。

可到很久很久以后,你会发现不能接受的事情是真的接受不了,感情也因为那些不合适而变得面目全非。你爱的那个人再也不能让你心动,你在那段感情里不再觉得快乐。食之无味、弃之可惜,没有心动却放不下的关系。

舍不得分手,却又觉得委屈。以前觉得不管自己受多少委屈,对方再怎么不好,能凑合着过就凑合着过了。爱情本应是件快乐的事情,如果一段关系之中只有忍耐和委屈,只能说明你爱错了人。

真正舒服的关系是不需要你拼命追赶、拼了命靠近的。如果让你特别不舒心,身心疲惫,那还是算了吧。

有的人觉得,这样的感情观未免太过于绝情和自私。虽然人不能总是只顾着自己开心,把再深的感情都弃之不顾,但那些无数次接二连三的坍塌,都是对方一砖一瓦砌成的。那些憋在心里忍了很久的委屈,不是忍一下就能过去了,它在某个瞬间"嘭"的一声炸了,眼泪突然就夺眶而出。

被爱的人永远不知道,爱你的人有多辛苦。明明不喜欢古典乐的曲筱绡,为了赵医生强迫自己去听。他爱吃辣,你素来偏爱清淡,因为爱他,便学着迁就他的口味,可最后谁都没有吃好那顿饭。

一辈子这么短,怎么可以随便将就过完。感觉疼的牙就该拔,你已经长大了,你需要的是一个能保护你、爱护你的人,而不是只知道让你付出和难过的人。

"爱过你是真的,不爱了也是真的。"

不怕你不爱我，只怕你假装爱我

转身的方式有很多种，
拖拖拉拉是最恶心的一种。

下午睡醒打开手机，看到有个小姑娘在微博给我留言，说自己最近很痛苦。问清前因后果，气得我差点把手机砸了。

小姑娘和男朋友是异地，最近一个多星期都在小吵小闹。前几天对方爆发了，她几次主动道歉，换来的仍是对方的冷漠。后来打电话过去问他是不是想分手，他说："现在不是，但如果你再这么主动的话就想分手了，等十五天吧，十五天后我来找你。"

诚惶诚恐的小姑娘被男朋友的话吓坏了，哭着问："你能保证十五天之后对我还有感觉吗？"男朋友丢了一句"看心情"就一去无踪了。

我特别讨厌做事拖拖拉拉的人，尤其是在感情上。

喜者留，厌者走。没感觉了就别占着茅坑不拉屎。

我不怕你不爱我，我只怕你假装爱我。

爱情最好的状态应该是，你可以一杯滚水烫死我，也可以一杯冰水冷死我，但你不能一杯温水耗着我。我要的是黑白分明，干脆利落。

比起天花乱坠的敷衍，我更喜欢简简单单的拒绝。

男人最恶心的不是劈腿、出轨，而是之后还找尽借口开脱。

影子和相恋三年的男朋友分手了。

"我们以前每天都会抽空见面，吃饭、散步或者看场电影。就算平时忙着工作不能碰面，还是会把周末留给对方。但他现在总是说自己忙，连10分钟都抽不出来。电话总不接，信息要不回，要不就一两个字。连约好吃饭看电影，也可以突然就放我鸽子。

"后来才知道他出轨了，所以老是'很忙'。呵呵，现在才知道是忙着应酬另一个她。我问他为什么要出轨，他说对我没感觉了。我问他为什么不直接和我说分手，他说怕我受不了，打算晚一点告诉我，毕竟在一起那么多年。"

影子听渣男说完后，直接扇了他一巴掌。

"老子还没到需要你可怜的地步。你怕我会不习惯没有你的日子，那你还出什么轨？你不爱我了可以直接告诉我啊。不回信息放我鸽子，一天天磨我耐性、让我失望，现在还想让我绝望。

"我不怕你说你不爱我，我只怕你假装还爱我。"

生活中这样的人很多，就算不爱也不会提分手，不回信息，不见面,找各种理由敷衍开脱。

薛之谦在歌里唱着:"其实说分不开的也不见得,其实感情最怕的就是拖着。"

女生真的没有那么胡搅难缠。倘若真的不爱了,就应该像个大老爷儿们一样大大方方地说出来,拒绝得越简单越好,不留余地,不给对方留下任何幻想。

你不必讪讪悻悻快快般期艾艾敷敷衍衍,我也不会再反反复复对你絮絮叨叨。

转身的方式有很多种,拖拖拉拉是最恶心的一种。你从不拒绝,也不让我走开,又不叫我留下来。男人从来不会拒绝一个感觉还不错的女人,即使他有女人。女人也不会拒绝任何一个对自己有爱慕之心的追求者,即使她一点都不喜欢你。

老谭前几天来问我,女生生日应该送什么礼物。我忍不住调侃他:"我种了这么多年的白菜,终于有猪拱了。"老谭拉长着一张苦瓜脸说:"还不是女朋友,是喜欢很久的女生。尽管自己早已表白过几次,但对方从来没有明确地说答应,也没有说不答应。"

老谭想借这次她生日再告白一次,不想两人一直不清不楚。如果她不愿意当女朋友,还是可以继续做他的公主。即使在她身后,自己也心甘情愿。听完老谭这些话,我明知道这个女生只是把他当备胎,却不知该劝他放手一搏还是就此打住。

老谭看出我的心思后,傻笑了一下说:"你还记得当初让我看的

《从你的全世界路过》吗？你看我多像里面的猪头。"

他点了一根烟，深深吸了一口后苦笑着说："其实我挺希望她能明确拒绝我。就像猪头说的，我对她好，其实是对她不好。她对我不好，其实是对我好。"

你说谎骗不了我，你诚实我又难过。

前几天柳岩在接受采访时说："不喜欢就拒绝。"

请不要暧昧，消费和占用别人的情感和时间，是一件很不道德的事情。

如果没有想牵手走完一生的想法，就应该趁早亮出底牌，快刀斩乱麻。不爱也别拖拖拉拉，在事情还不太糟的时候结束最好，说不定还能留个好印象。

"我能接受直截了当的拒绝，却受不了推三阻四的敷衍。"

没资格吃的醋最酸,放不下的人最惨

我将余生写成一首长诗,
却不能提及一个与他有关的字。

我曾经以为爱可以填满人生的遗憾,可制造更多遗憾的,偏偏也是爱。

"从未在一起"和"最后没能在一起"哪个更遗憾?

有人说前者更遗憾。

怪自己没能亲手毁掉,却连争取的机会都没有。

有人说,最心酸的是,我连醋都没资格吃,我从未拥有过他,却在心里失去了千万次。有人说,最遗憾的不是失败,是我本可以。

对于吃货来说,看到新口味的奶油蛋糕,却又怕吃了长胖,没尝过味道最遗憾;对于女生来说,购物车里迟迟未下单的衣服,路过专柜看到橱窗里的限量版包包,没拥有过最遗憾。

有人说得不到的永远在骚动,一份感情真正重要的是过程。两个人相识相知相恋，努力过，就算分开，记忆也是美好的。多年以后回味起来，我们对彼此的感觉依然是那个最美好的你，而不是在一起之后相处久了发现各自的缺点后对对方的厌倦、反感。从未在一起，连回忆的机会都没有。

我不知道你害羞时会不会把头埋入我的肩膀，不知道你霸道的时候是如何站在我旁边牵我的手，不知道亲吻时你的睫毛会不会轻轻颤抖，不知道你搂着我的时候会不会亲吻我的耳垂，不知道你下厨房手忙脚乱的样子，不知道你像孩子一样窝在我怀里的样子，不知道晚上睡觉时你的呓语是不是关于我，不知道每天早晨醒来第一眼你沉睡的样子。

最遗憾的莫过于我从未知道你对待我的样子。

从未在一起，从一开始就是个遗憾。

那感觉就像沉默静止的闸门里，你的情感如汹涌的波涛，起起伏伏，就等泄闸的那一刻。结果闸告诉你，它永远不会打开了，因为对方拥抱了别的三峡水。

这个世界很多事情是没有或者不需要有结果的。漫长的人生，历经的风景无法全部留下和收藏，哪怕不久就会被遗忘，也好过从未看过从未走过，至少我们哭过笑过。

总要有一些回忆来印证自己的青春并不是空白的，即使是遗憾，也有遗憾的美丽，而人生，永无完美，不是吗？

不管是怎样的回忆，都是在一起过，相爱过的证据。

电影《一生一世》的最后，安然对赵永远说："爱过，就是一生一世。"

只怪命运太草率，让两个人相遇又分开。

有人说得不到不可怕，守不住才是笑话。再没说过要跟谁走到世界尽头，再没做过谁门前的守候。

有人说最后没能在一起最遗憾。爱了那么久，最后你却不属于我。那种由爱转换成亲情，变成习惯的感情突然抽离，想到就心酸。十里桃花，两人一马，后来，谢了繁华，生死无话。

有人说分开后他常来打扰，梦里全是他的温柔，醒来枕头是一大片心酸，每次回想一起走过的时光就像在伤口上撒一把盐。如果当初我们能忍住只做朋友，会不会更长久？

有人说我陪他走过了所有的路，从无话不说到无话可说，有多难过我都记得。一别两欢，天各一方的绝望，有多无力，我还没忘。当初我都想过穿上婚纱挽着你的手走向未来的样子，奈何这条路最后却独留我一人。

她说曾经拥有过的东西，失去会心疼很久。在一起过，知道他温柔深情的样子，可这一切要让给别人，一想到以后都不能跟你说话，我觉得我的心都碎了。

我将余生写成一首长诗，却不能提及一个与他有关的字。

他说当你真真正正投入到一段感情中，你全身的每个细胞都尝试将这段感情开花结果；当你和一个人走过所有的路，有幸福、失落、开心、难过、惊喜，可是到最后，路却走到了尽头。

也有很多人问我,觉得哪个最遗憾。这个问题我早就看过很多次,从来没认真思考过,真的让我选择站队的时候,我却不知所措。

其实无论是哪种,都是一种经历,一次成长。这世上本来就有很多"我很遗憾,但却无能为力"的事情,而他只是其中一个。尽力了,就不会有遗憾,花开了,终究会落。

青春本来就是一场马不停蹄的遇见与错过,能共有一段回忆,无论好坏,都是三生有幸。

人生没有不散之筵席,如果你给钱,我愿意多陪你吃一会儿。

说好的一辈子，
差一年一个月一天一个时辰，
都不算一辈子。

『千帆过尽』

一辈子很短，

好好
爱自己

狭路相逢勇者胜，温柔只给意中人

> 高冷，只是想把所有热情都留给喜欢的人。

　　细数故事情节，无论是电影还是电视剧，男主的定向永远都是对别的女人高冷，只暖女主一人。《三生三世十里桃花》里的夜华，一副万年冰山脸，却在遇到素素后变成了另外一个人。我们经常羡慕电视剧里的爱情，不是因为男女主角爱得有多惊天动地、轰轰烈烈，而是只暖一个人的男人太加分了。

　　我和朋友聊起，那时候喜欢过一个男神。我每天屁颠屁颠地主动跑去找他搭话，可他总是有一句没一句地接话。朋友告诉我："哪有什么高冷的人，只是他想暖的不是你。"再后来就看到他晒和女朋友的合照，照片里他摸着她的头，眼神满是爱意。平时自拍面无表情的他，在照片里看着她笑得像个孩子。那一刻我忽然就明白了，哪有人生性冷淡，他只是不愿意对你微笑而已。

狭路相逢勇者胜，温柔只给意中人。

爱情大概就是不温柔的人，为你做尽温柔的事。

身边有个哥们是酒吧的 DJ，一张神似陈冠希的脸。只要有他出现的地方，一定会有女生主动来要联系方式，但都被他一张冰山脸回绝了。

去年我回深圳，他带着女朋友和我们一起吃饭。当服务员问他女朋友喝什么时，他马上说："我女朋友生病不舒服，给她来杯温水。"上菜时总是先夹给女朋友，还提醒她等下再吃小心烫。螃蟹和虾都是剥好了递给她，整顿饭吃下来我们鸡皮疙瘩都掉了好几地。后来有人调侃他："哎呦，曾经纵横夜场的高冷小王子现在改行当暖男啦。"他一脸宠溺地看着女朋友说："为她做任何事情我都愿意，别说暖男，就是当男保姆也在所不辞。"

或许他以前是个拿着刀舔着血的混世魔王，可在遇到她后，就只剩下迁就和温柔。攒一身恰到好处的温柔，只留给我最爱的你。高冷是为了把所有的热情都留给喜欢的人，哪有什么生性冷淡，只是他想暖的那个人，从来都不是你。我们在觉得对方高冷的同时，却忘了自己其实和那些人并没有什么不同，在应付和自己搭讪而又不喜欢的人时，不也分分钟变身"干啥呵呵去洗澡"的女神吗？

有些女孩总说自己没人追，其实并不是真的没人追，而是在她们的世界里，不喜欢的不算人，没符合条件的也不是人。

曾经空窗期的我天天发朋友圈，整天喊着自己单身狗，想找小哥哥谈恋爱，想找帅欧巴做男朋友。喊着你们这些人到底什么时候玩够啊？我们这种老实人等不及了。可当有人主动来搭讪时我却懒得搭理，不是高冷也不是装傻，只是害怕，害怕快餐爱情，怕最后我认真了他只是敷衍。

有些感情来得快去得也快，所以后来就一直等。等一个看穿我假装的冷漠，不嫌弃我幼稚、任性，呵护我的孩子气，一直留在我身边陪着我的人。在那个人到来之前，我绝不会浪费自己一丝一毫的热情。我要把自己所有的温柔和爱，都留给他一个人。

等一班车需要五分钟，看一场电影需要三个小时。月缺月圆需要一个月，春去春来需要一年。

我的意中人啊，你到底准备什么时候出现？我攒了好多年的温柔和浪漫，想要快点给你。

你是我疲惫生活中,最温柔的梦想

疲惫的生活需要一个温暖的梦想,
和一个很爱的人。

梦想还是要有的,万一实现了呢?

"乔,你有什么梦想吗?"刚结束一天高压工作的小七,脱了鞋子就瘫在我家沙发上。

"有啊!一夜暴富,嫁给王思聪……"

话还没说完一个抱枕就朝我砸了过来:"能不能说点正经点的,工作时鬼话听多了来你家还要听你胡扯。"

我放下手里的电脑坐到沙发上跟她说:"梦想每个人都有。说正经的我就是想有钱,有很多钱。但好像和钱比起来,我更想每天睁开眼都能看到 Sunshine 先生。和他一房两人,三餐四季,可这些我们都知道太遥远了。梦想,梦想就是做个梦自己想想。"

"梦想还是要有的,万一实现了呢?"

"那你的梦想是什么?"

"早点结束这一成不变疲惫不堪的生活,找个很爱的人谈一场没有遗憾的恋爱。"

生活中有太多像小七这种每天朝九晚五工作,别人下了班约会、组局,周末聚会看电影。她经常一个人主动加班到深夜,周末就在家煲剧,玩手机。

疲惫的生活需要一个温暖的梦想,和一个很爱的人。

爱是兵荒马乱年代里的英雄梦想。

我从小就有一个公主梦,小的时候不是粉红色的玩具我都不要。每次出门我一定会带一个小皇冠,那时候的我走在路上就觉得自己是公主了。长大以后才知道,那时候的自己只是父母眼中的公主。长大以后,没有谁会理所当然对自己好,更不会有谁会傻傻地把我当成公主去伺候。

可小七不仅到现在还做着白雪公主的梦,同时还得了一身的公主病。她跟我说:"很多人说我脾气不好,一定是被宠出来的。那又怎样?我有钱有颜,自己把自己宠成公主,你们有什么意见?我就是要找一个很爱很爱我,把我当成公主一样宠的男人。"

太固执的她单身了两年多,看着她倔强的身影我还是会觉得很心疼。她一个人在家时,应该也会孤独吧。我把这件事告诉了 Sunshine 先生,其实以前我也和小七一样,一定要找个很爱很宠我的人。写文章之前我就是个只会抱着手机刷朋友圈的废宅,后来每天一个人写稿写到半夜。很多次累到爆都差点掀桌子说"不写了",然后幻想有个人对我说:"不想写就不写,做你想做的,累了我养你。"

"但现在有了你以后,我开始想把自己变得更优秀,变得足以与你相配。每每想到这些,不管工作多辛苦都觉得好甜。"

你是我疲惫生活中,最温柔的梦想。

做人一定要有梦想,哪怕是条咸鱼,也要做最咸的一条。我的意中人是个盖世英雄,有一天他会踩着七色云彩,装满暴击符文,换上最霸气的地狱火皮肤来娶我。我猜中了开头,却猜不中这泼猴上来就是一棍子。大概很多单身的人都像小七一样,受够了一个人枯燥、乏味、疲惫的生活,想要一个我爱你你也爱我的人,谈一场没有套路、没有猜忌、没有遗憾,一起牵着手走向白头的恋爱。

想对你撒娇发脾气,想一睁眼就能看到你。想起床有你的早安吻,想一转身就能落到你怀里。想和你拥有一个很长的未来,过着平常但不平凡的日子,还想陪你走完一生,彼此温暖,互不辜负。

生活中吃够了艰辛的苦,感情里受够了离开的痛。精疲力尽只剩下一身躯壳的自己,只想要一个温暖的梦想和一个相爱的你。

没有光明的城市需要灯光来照亮,没有梦想的人需要指南针来引导。我需要一个温暖的梦想,和一个让我等了半个世纪的你。孙悟空等了唐僧五百年,晴雪等了屠苏九百年。宇文拓等了宁珂五百年,龙葵等了龙阳一千年。易小川等了玉漱两千年,夕瑶等了飞蓬几千年。紫萱等了长卿,三生三世。而我要等多久,才能一开门就遇到踏实的你。

"疲惫的生活需要一个温暖的梦想,和一个久违的你。"

我的心里有间旺铺要出租

> 酒不好喝,
> 手机也不好玩,我想谈恋爱了。

小 A 是我身边的玩咖,一个白富美妹子。虽然酒量不怎么好,却是出了名的蹦迪小公主。

小 B 是和我一样死宅的网瘾少女,每天除了吃饭睡觉就是玩手机、王者荣耀、狼人杀。

前几天,这两个"问题少女"和我聚在一起吃饭,聊起了近况,两人不约而同地说,现在的日子没意思。"酒不好喝,手机也不好玩,迪也不想蹦,我想谈恋爱了。"可能是春天到了,四处弥漫着恋爱的气息,唯独她俩还单着。

也难怪啊!看着自己身边曾经一起疯、一起闹、一起蹦迪、一起开黑的朋友,说恋爱就恋爱了,说收心就领证了。一个个有了稳定的感情,全身都散发着恋爱的酸臭味。那种感觉就像是大家一起考试,结果身边的人都比你先交卷,自己还有一页没写,着急又羡慕。

想招聘一个心上人,心里有间旺铺要出租。

明明该浪的年纪,我却只想谈恋爱。和小A认识两年多,经常看她穿梭在各大城市的酒吧。之前有个段子,简直是为她量身定做的:"周一不喝酒,白来世上走;周二不唱歌,欢乐少很多;周三不蹦迪,迟早变傻×;周四不喝酒,在家愁成狗;周五不喝酒,人生路难走;周六不喝酒,真的会变丑;周末不蹦迪,没法过周一。"

但在每个喝完酒的凌晨,她都在朋友圈发誓再也不喝酒了。那种自责、悔恨、诚恳,那一定要戒酒的决心,我差点就信了。可在醒来后的第二天,她又踩着小高跟,穿着小深V,涂着大红唇去蹦迪了。那种在酒桌上的自信,那种狂妄,那种一定要把别人都喝趴下的气势,都让人一脸呆滞:昨天那个信誓旦旦再也不喝酒的人是谁?

最近小A说再也不想每天喝酒蹦迪了,只想找个人谈个甜甜的恋爱。不用每天见招拆招地套路来套路去,就只想简简单单一房两人三餐四季。在他朝九晚五每天工作的早上为他煮好早餐,打好领带,看着他出门。晚上煮好饭等他下班回家,一起窝在沙发上打游戏。周末就去看看电影,逛逛街,吃遍大街小巷。有时间就去旅旅游,住最好的酒店,拍很多合照发到朋友圈,虐死那些单身狗。

想携手踏遍千山万水,长留暖春瑟秋。

所有人都在谈恋爱,只有我在弹烟灰。你羡慕我一身潇洒,无牵无挂。可我却羡慕你有家有她,有人等你回家。

凌晨4点多，我在朋友圈发和Sunshine先生的合照，说："你不在身边的每一天，都是煎熬。"L先生评论说："羡慕。"

"至少你有个人可以牵挂，不像我在这漫漫长夜，连想谁都不知道。"

L先生快三十岁了，有间自己的酒吧，跟前任女朋友分手后就一直单着。每天凌晨回到冷冷清清的家里，感觉自己就是个孤寡老人。

"所有人都觉得你过得很好，爱抽烟爱喝酒也爱大声笑，多的是朋友，有数不清的暧昧关系。可是只有你自己明白，一个人在家整夜开着灯，有时候失眠到天亮才慢慢睡着是什么感觉。你不说话，房间里就一点声音也没有。

"都说清晨的粥比凌晨的酒好喝，多希望回到家，有碗热粥，有个等自己回家的人。

"有个可以每天分享喜怒哀乐，聊聊时政事业，迷茫时互相商量，烦躁时互相宽慰的人。每天吃着她煮的晚餐，手牵手一起散步聊天，我看我的新闻，她追她的韩剧，饿了就一起吃宵夜，累了就相拥而眠，交颈而卧。"

灯红酒绿的生活最后都会回归平淡，漂泊在外的浪子迟早都要回家。聚众玩乐到深夜的开心，敌不过一人归家的落魄。

我不过是想有个人可以陪着我，空闲的时候就一起去看电影，吃美食，搓麻将，打游戏，去动物园，去游乐场。

忙的时候就互不打扰，每天互道早安和晚安。最好能养只小狗，养只小猫。吃完饭就带它们去散步，回家就瘫在沙发上看看电视，吃吃东西。有个人腻在一起不好吗，为什么非要喝酒呢?

酒不好喝，手机也不好玩，我想谈恋爱了。

管不住嘴巴的女生，没有未来

> 女孩子不用明白太多道理，
> 只要知道体重越轻，钱包越鼓就会越快乐就够了。

我发朋友圈说："追剧的时候能管住自己嘴巴不吃东西的女人城府太深，不适合做朋友。"评论里有很多共鸣的声音："追剧的时候不吃零食，你的人生还有什么意义？""正确的追剧方式：葛优躺，感觉自己差不多是一条咸鱼了。"

但我想劝劝这些咸鱼们：管不住嘴巴的女生，没有未来。

没有人通过你丑陋的外表挖掘你美丽的灵魂。

前几天去朋友家聚餐，我酒量差，朋友问我要喝什么饮料，我说："白开水就好了，谢谢。"可能长了张高冷的脸，仿佛感觉到有人在说我装相。朋友看我一直吃青菜，就问我要不要米饭。我说："不用了，我不吃主食的。"说完这句话，有些人就按耐不住了。一群声音故意抬高八个分贝的智障，七嘴八舌地开始嘲讽：

"×××，你说女神是不是都是不食人间烟火的？"

"不过你别说，这样的女人好养活。"

"可不是嘛，只喝白开水吃青菜的老婆多省钱啊。"

"你说这人红了以后就是不一样，连架子都摆起来了。"

看在是我朋友生日的份上，我对他们嘴下留了情：

"不好意思，我是仙女，只喝露水。而且，你们暗恋的那些身材好的妹子，都是靠管住自己的嘴巴才保持的。你们看到我身上的那些光环，也都是我自己拼命努力才换来的。"

所有人都觉得你光鲜亮丽，风光无限，没有人知道你背后付出了多少努力。

瘦子摔倒的声音：pia！你摔倒的声音：duang！别人是吃一点就饱了，你是吃饱了还能再吃一点。远看身材近看脸，偏偏你丑还没钱。你心肠再好也是个好心肠的死胖子。身材好的妹子在男人怀里是小鸟依人，而你却是大鹏展翅。

"男人说喜欢肉肉的女生，是指骨架小皮肤好，胸大微胖，肉捏起来软软的很舒服脸好看的女生，说的不是你这种糙皮大块头，水桶腰，大象腿还平胸的死胖子。"

很多人都和我一样，在美食面前给自己各种洗脑。我就看看我不吃，吃完这顿我再减，不吃饱哪有力气减肥，这世上瘦的人那么多，为什么胖的那个偏偏是我。

有张管不住的嘴，注定会有双迈不动的腿。

同样走在人生的下坡路，体重比较重的人，想刹都刹不住。在微博上看过一个很讽刺的故事：瘦子考砸了食不下咽，失恋了食不下咽，找不到工作食不下咽，愤怒的时候食不下咽。而胖子考砸了暴饮暴食，失恋了暴饮暴食，找不到工作暴饮暴食，愤怒的时候也暴饮暴食，悲伤的时候还是暴饮暴食。

一个人连自己的体重都掌控不了，又何以掌控自己的人生。

你身材好，你乱发脾气，无理取闹，他们也只会说你是磨人的小妖精，而不是"吃了炸药的死肥婆"，所以说一定要瘦，一定要瘦，一定要瘦！当你又瘦又好看的时候，你会发现你的人生就像开了挂一样。当你变优秀了，你想要的一切都会来找你。

爱一个人最好的方式是经营好自己，给对方一个优质的爱人。拼命对一个人好，那个人也不会拼命爱你。世俗的感情难免会有真实的一面，你有价值，你的付出才会有人重视。

当你花着自己赚来的钱，将自己装扮精致，烧的一手好菜又内外兼修的时候，你该想的不是谁会不会爱你，而是你想爱谁。把自己的圈子变小而精，把气质钱包提升，把故事收藏，身材保持。

世界上最好的保鲜就是让自己不断进步，成为更好和更值得被爱的人。不为取悦别人，只为照亮自己，想要的以后你都会有。

好希望有那么一个人，能让我茶饭不思。日渐消瘦，渐消瘦，消瘦，瘦，瘦……

"胖不是罪，只是上帝嫉妒你瘦下去会太完美。"

吃够了感情的苦,只想做个血性带风的洒脱人

让你的情话腐烂在舌头上,
让我的孤傲自立为王。

有人说世界上最厉害的人是说起床就起床,说睡觉就睡觉,说做事就做事,说玩就玩,说收心就收心的人。

知乎上有人提问:"女生什么样的行为让你觉得很没有安全感?"

"她明明已经很好了,可是她还要变得更好。她有很好的学历,很好的样貌,很不错的工作。可是她出去玩,她看电影,她吃美食,她拍了好看的照片却从不发朋友圈炫耀。她背着包手里还拎着袋子,同行的男生要帮她拿,她说不用我自己可以。她每天晚上看书、工作、写论文。她收到匿名的礼物,只是自己收好,不会发朋友圈配上图文再假装无辜地问一句是谁。

"她这么低调,可是我为什么这么没有安全感?因为我害怕,害

怕每一个真正接触过她的人都会爱上她。"

女人最酷的样子是不依赖、不矫情,不做爱情里的废柴。

动心的时候万物复苏,什么都奔向欢喜。伤心的时候销声匿迹,什么都归于叹息。两个人有时差,一个人过四季。听说你喜欢温柔似水,而我恰好比你还要酷一点。

最近和一个很久没见的朋友碰面了,以前不见她就是因为她太矫情,看到我就抱着我说那些已经听了八百多遍,我都能倒背如流的破事。

每个人都会经历相爱、分手、失恋,就像我们每天吃喝拉撒一样正常。大家都劝过她很多次,忠言逆耳,她都不听,后来就开始慢慢疏远。前些天在咖啡厅偶然遇见,她剪掉了"三千烦恼丝",换上一身黑色紧身小西装,干练的模样差点让我忘了她当初曾是躲在我怀里哭得梨花带雨的小姑娘。

朱茵说起与周星驰分手的原因:"我流过的泪实在太多,受的苦也太深了。人生恋爱应该尝到的喜怒哀乐,我已经全都尝过了。我们分手的原因主要是我觉得他暂时不适合谈恋爱,在爱与痛苦的天平上,痛苦的比重太大。"

仔细想想,我们放弃深爱过的人的原因也不过如此吧。我爱你,但无力负荷。吃够了感情的苦,只想做个血性带风的洒脱人。我已经原谅了从前的自己,就像谅解了一个野心勃勃的傻瓜,体恤了一个笨手笨脚的勇士,释怀了一个难以启齿的秘密。

从来不跟风喜欢哪位艺人,前段时间却被冻龄的陈意涵圈了粉,三十岁的她依然有着十八岁的疯狂和勇气,每一天都在努力让人生不再留白,旅行,健身,美食,充满元气。

我羡慕那些活得洒脱,活出自我的人,也欣赏那些为了遇到更好的自己而努力奋斗的人。

希望你一直有颜有钱，爱情算什么东西

> 下辈子一定长成你喜欢的样子，
> 然后不喜欢你。

最讨厌沾花惹草的人，无论男女。今天对这个说我喜欢你，明天对那个说我爱你，真的恶心。我就不一样，只要长得好看，我都喜欢。薛之谦在《暧昧》里唱道："可能是现在感情太珍贵，让付出真心的人好疲惫。谁不曾用过卑微的词汇，想留住谁。"

这首歌刚发行，我的朋友圈就被刷爆了，也就是在那天晚上，阿V在感情里被对方判了出局。理由是："她太漂亮了，我没把持住。"

阿V的故事让我想起来了一句话："男人是没有爱情的，谁漂亮就对谁好。"其实不只是男人看到好看的妹子会多瞟一眼，女生也是颜控，看到好看的小哥哥也会忍不住多看几眼，可这并不是对一段感情不忠的借口。

爱情应该能跨越无数肤白貌美大长腿，眼里只看得到丑成如花的

你。总是有很多好姑娘表白被拒,男人们总有一万种借口:"你很优秀,你是个好姑娘,只不过你不是我的菜。"可能现在的感情真的太廉价,也可能人和人终究是不同的。你风里雨里送来的晚餐,可能真的不及某人一句随口的晚安。

她一张磨了八百次皮的照片,你像逛淘宝时看到宝物一样马上收藏,却对我的痴情一片望穿秋水不屑一顾。

下辈子一定长成你喜欢的样子,然后不喜欢你。

爱能让你骄傲如烈日,也能让我卑微入尘土。

很久以前看过一个讽刺男人喜新厌旧的MV:"四年前你抛弃了我,四年后整完容回来玩死你。"

女主是男主四年前的员工,因为又丑又胖,男主便以公司状况不好需要裁员为理由辞退了女主。前脚刚收拾完东西离开就有新人来面试,就单单因为漂亮被成功录取。四年后女主华丽蜕变,涅槃归来,故意勾引,成功上位。在男主抛弃现女友,爱上她之后,甩了他。

当时我刚好暗恋一个男生,他太优秀,连校花都对他青睐有加。毕业那天我鼓足了勇气向他表白,他说我很可爱,但他不喜欢幼稚的小妹妹。就在被他拒绝的半小时后,我目睹他牵起校花的手在KTV合唱了一首《只对你有感觉》。

我平时嚣张跋扈,可是看到他们男才女貌的画面,我甚至连抬头的力气都没有。我暗暗发誓,一定要努力让自己变得更好,能让他多看我一眼,能足以与他相配。我还幻想着有一天自己会像偶像剧里的女主角一样，散发着主角光环从他面前轻轻走过，让他迷倒在我的石榴裙下，剧情反转换他对我朝思暮想。

下次换你褪去一身骄傲，喜欢我到疯掉。

英雄难过美人关，丑女难过没人管。

男人都是视觉动物，在你缺个胳膊少条腿的情况下，愿意坚守在你身边，照顾你一辈子的，少之又少。

以前和一个男性朋友聊天时，打趣地问他："你们男人是不是都喜欢美女？""那当然了，哪有英雄只爱江山不爱美人的。"其实想想他说的话也没啥毛病，知乎上有个扎心的问题，当时看完差点被扎出心肌梗塞：

"为什么自古红颜多薄命？"

"因为没人关心那些长得丑的活了多久。"

也有调查说通常情况下，好看的女生脾气都不好。一个人之所以脾气不好，是因为一直有人愿意宠她。"长得好看叫公主病，不好看叫作。"很多男人应该都有共鸣，和她在一起时就因为多看了别的女人一眼，她就分分钟炸锅。其实不是她小气，也不是无理取闹，她是怕自己不够好看，没有魅力，胜不过外面那些"小妖精"。

后来阿V发信息说她已经不哭了，现在会振作起来，让自己更优秀。等自己有颜有钱时，站到他面前，让他肠子都悔青。

让自己更优秀可以因为他，但不是为了他。

我本来不喜欢化妆的，因为你喜欢我才化。但化完妆后发现，老子这么美，你算个什么东西。

等你真正才华与美貌并存的那天，你会发现愿意对你好的人，排着队也轮不到他。何必为渣男消耗自己的人生，你要讨好的是自己，跟他没有半毛钱关系。能让渣男出轨的是"妖精"，你也可以变成嚣张跋扈的"妖精"。其实说白了，哪个小三以前没有捧着真心，可怜巴巴地等过一个人呢？哪个醉在酒吧的姑娘没经历过被爱人扔掉，又亲手把支离破碎的自己捡回来呢？

爱人先爱己，与其每天诚惶诚恐地思索着如何守在一个人身旁，不如多花点时间，好好爱自己。

希望你一直有颜有钱，爱情算什么东西。

你还在默默发誓下辈子要变成他喜欢的样子，然后不喜欢他吗？

可当你下辈子美如天仙，还能遇到让你伤透心的他吗？

有些事情一定要在还来得及的时候做完，我觉得普普通通的自己，能有人喜欢就不错了。

不是我爱玩,是我收心过,却没好结果

后来你再也没提过回家,
我也只好浪得无牵无挂。

半夜接到小七的电话,睡得迷迷糊糊的我还没开始讲话,她的开场白就是:"快教我!我要手刃了这帮圣母!"

小七上个月失恋了,最近把新男朋友发到朋友圈,评论里的圣母炸了锅:

"你才分手多久就找新欢,这样不好吧。"

"才在一起就发朋友圈,刚认识就睡了吧。"

"这个男的怎么和你前几天发的那个不一样。"

还有一个更脑残的说:"间接接轨就等于无缝出轨。"

我还没看完,她就丢来一句:"你陪我喝酒去!"只好困成狗一样无奈地出了门。一坐下,她就开始吐苦水:"到底分开多久以后才能找新欢?

"我要跟那个渣男纠缠到什么地步,才能堵住那些贱人的嘴?是不是他走了以后我还得给他守几年寡?他想见我我就得随叫随到,换他一句:'别闹了,我们已经分手了。'每天在家以泪洗面,看着他像什么事都没发生过一样继续逍遥快活,或者我应该给他养老送终然后自己孤独终老?

"你给我个期限,应该要多久?如果他不离开我,我能有下一个吗?在一起的时候他不珍惜我,我找个疼我宠我的人怎么了?刚认识怎么不能发朋友圈,我睡也睡得光明磊落,不像有些人明明有对象还整天说自己单身狗。对,那就是一条狗。"

分开以后,先难过的人就输了。老死不相往来的陌生,算不算我给他的长情。

拥有万千宠爱于一身的高冷女神,自从恋爱后,就为男朋友拒绝了所有暧昧,断掉了一切后路。被偏爱的有恃无恐,她知道他外面有了别的她,在他一次次鱼和熊掌都想兼得的举动里脑补出一整部韩剧后,她还是选择放下她高高在上的自尊用无理取闹去挽回。可后来还是在自己的撕心裂肺中结束。无一例外,是过往的伤疤让我们变成了不主动不拒绝不负责的浪子。她说那些人看到的我有多绝情,我就有多痛恨自己的深情,如果能再重来一次,她绝不会再纠缠,一定会专心投入到下一段感情。

就像炒股新手总是在等着垃圾股反弹,却错过了无数黑马"妖股"。

一生只想为你疯狂,你却让我独自流浪。你别怪她浪,只是你不是她的家，她说她没醉，却摇摇晃晃掉眼泪。

你说你爱她，却没想过给她一个家。

后来你再也没提过回家，我也只好浪得无牵无挂。真正的爱情不是永远停留在过去，而是把握住现在。不要抓着一个人曾经对你的好不放，人总不能靠着回忆生活。没有人会觉得扔掉一面破碎的镜子奢侈浪费，而留着过期药品不扔的人，是对自己的不负责任。可能伤口还会痛，但该放下的还是要放下。真正的专一从来不是把爱只停留在一个人身上，而是对现任的不朝三暮四。

小七说："我就是见一个爱一个的人，等我遇到下一个的时候，我一定会把前任忘得干干净净，不会难过，也不会伤心。你问我为什么这么狠心，冷血，那请你先问问他当初为何先狠下心离开。片面的'仁义道德'在人渣手里，很容易变成填补自己心里平衡的武器。"

我和王迅分手了，转眼就和吴彦祖在一起。你说我是个随便的人，见一个爱一个。但你可否知道，我和王迅在一起的时候，拒绝了多少吴彦祖？忘不掉过去的人不叫痴情叫傻瓜，她常常一个人去酒吧，喝醉了总哭着对陌生人说她没有家，她足够漂亮也足够强大，却笑着摔倒，哭着离开。

她说她心里只有他，没有人能够代替他，也不想伤害别的他。她提着酒瓶摇摇晃晃地走，从安静的镇到下一个热闹的城。他问她有没有故事，她没有说话。风吹乱了她的头发，她却笑着慢慢艰难蹲下，哭着说天下再大，却再也没有他。她说她能爱上烟酒、鲜血和铁锈，爱上深夜不回家。可能天生浪荡的她，注定没有家，失去的所有都是代价。

"这世上有很多深情的人，她们看上去总是放荡不羁。"

总要允许有人错过你，才能赶上最好的相遇

> 我听说每个结束都是新的开始。

不是每一部电影都能有个大团圆的结局，也不是所有的爱情都能走到最后。感情这趟长途旅行中，难免会遇到些大风小浪。

那天田子私信我说："感觉再也找不到真爱了。"

田子谈了三场恋爱。第一任被劈腿，第二任丢下一句"分手"就人间蒸发了，第三任是个只想和她上床的渣男。当田子告诉对方她不想只上床，想和他在一起时，对方却说如果接受不了，那以后就不要联系了。

小时候我们有什么不懂，会有大人教。读书有老师教，初入社会有上司教。可唯独爱情没有人教我们辨别真假，只能自己吃一堑长一智。

总要允许有人错过你，才能赶上最好的相遇。

我听说每个结束,都是新的开始。

小芝有个把她捧在手心里的好好先生。他会因为她的一句想吃什么,而立刻放下手中的工作去买,会因为心疼她工作辛苦每天起床给她按摩,为了让她早上多赖会床提前起来准备好早餐,会每天研究不同的菜谱让她开心吃饭。可在她遇到现在这个真命天子之前,曾经历过一场狗血的恋情。

她前男友是一个好吃懒做滥赌成性的浪子,而小芝却爱他爱得死心塌地。两个北漂生活在三十平米的小屋,房屋虽小,但房租对小芝来说就像一座大山压在身上。她只能白天打一份工,晚上再去宵夜店打工,来养活自己和男朋友。每个月赚的钱,除了两人的生活费和房租外还要帮他还赌债。小芝独自撑了半年,有一天熬不住,哭着让男朋友戒赌,出去找工作减轻她的负担,但得到的回复却是:"你不是很爱我,很想和我结婚吗?不经历一些苦,我们怎么走到头。我看了下期的六合彩,一定是这些号码,等我发财了,一定让你过上好日子。"

半年的付出和期待,让小芝彻底明白,眼前这个好赌懒散的人,绝对不是和她走到婚姻殿堂的那个人,于是失望透顶的她选择了离开,后来在工作中,遇到了现在的好好先生。

生命要有裂缝,阳光才能照进来。哪有什么错过的人,会离开的都是路人。

那趟没赶上的火车也许会晚点,那条没买到的裙子也许没你的号码,那个红红的苹果也许不是甜的,那个错过的人也许是为了让你遇见更好的。

在后台听到过最多的声音就是:"虽然他已经离开很久了,但我还是放不下。"分开后总会有一方不愿接受现实,头破血流地在原地踏步。

"我们一生里会遇到很多人,正好同路就会在一起走一段。"

我们这一生不可能只遇见一个人,遇见了就好好珍惜。如果错过了,就换个方向重新来过。孙悟空在炼丹炉里被烧了七七四十九天,而意外收获了火眼金睛。唐三藏经历了九九八十一难才取得真经。幸福和快乐都会来的,等等就是了。

总要允许有人错过你,才能赶上最好的相遇,不要贪恋没意义的人和事。时间一直在走,不会回头。放不下的人,就慢慢放。没有淡不了的疤,没有好不了的伤口。

"那些活着离开你的人,没有什么好留恋的。"

只有努力变得优秀,才不会畏惧失去

你可以不光芒万丈,
但不能停止让自己发光。

电影《28 岁未成年》里,凉夏和茅亮在一起十年,每天都过着一成不变的生活,最后以分手告终。但在一场意外里,凉夏回到了 17 岁。当茅亮看到焕然一新的凉夏时,仿佛看到了那个十年前自己深情告白要共度一生的人,于是决定重新把凉夏追回来。两个人在一起久了,生活总要回归平淡。浮生万物里,所有重逢都不如初遇。

当你褪去初遇时的娇艳,身上不再有当初他痴迷的光芒,变成每天素着颜,穿着睡衣窝在沙发上追问他"在干啥""和谁""什么时候回家"和"为什么不回信息"的深闺怨妇,就慢慢失去了初遇时的爱慕,变成不耐烦的厌倦。感情都会沉淀,爱一个人怎么可能日日新鲜。你可以不光芒万丈,但不能让自己停止发光。所有感情的开始都和电影如出一辙,当初的喜欢是真的很喜欢,后来的不爱也是真的爱到了尽头。

熊大和我说起他前任的事情,他说第一眼看到她的时候觉得她浑身都散发着光芒。那种一定要和她在一起的想法,就像控制不住的洪荒之力一样,推动着他大脑的每个细胞。可后来爱情归于平淡,光芒也渐渐从前任身上褪去,两人也慢慢走到了尽头。

电影里的茅亮追17岁的凉夏时,也信誓旦旦说十年后要和她结婚,后来却选择了中场退出。当再次看到自己当初深爱过的人,又神采奕奕地出现在自己面前时,他选择了再次把她追回来。无论是现实还是电影,每个人身上都有属于自己的光。

世上最好的保鲜就是让自己不断进步,成为一个更优秀和更值得爱的人。

凉夏就是最好的例子,为了爱情付出一切,包括自己成为画家的梦想,最终变成一颗"望夫石"。凉夏有机会让自己的人生重新再来一次,可我们却没有那样的好运气。所以只有努力让自己变得优秀起来,才不会畏惧失去任何人。

你要持续发光,让对方随时保持新鲜感。做自己的太阳,无须凭借谁发光。你有多久没有看过漫天的繁星了?城市夜晚虚伪的光明,遮住了你的眼睛。

其实每个人都是夜空中最闪亮的星,只是因为一些人一些原因而选择了隐藏,甚至遗失掉自身的光芒。每个人都有自己的闪光点,只有努力让自己变得更优秀才不会在爱情里做卑微的一方。

就像朋友圈流行的那句,想来想去还是努力赚钱更靠谱。不然心情不好时,只能买两瓶啤酒一袋鸡爪在路边嗷嗷地哭。努力赚钱的话,就能躺在幽美的山中温泉里敷面膜止住眼泪,还可以去纽约哭、去伦敦哭、去巴黎哭,想怎么哭就怎么哭。

只有让自己强大起来,才不会畏惧失去任何人。

要知道,好的总是压箱底

总会有人熬夜陪你,下雨接你,说我爱你。

"什么是好的爱情?"

好的爱情,能把你宠成孩子。去年圣诞节,我也失恋了。老王是西装革履的 Gentleman,我是低头皇冠会掉的 Queen。我们无话不谈,是工作上默契度很高的 Partner。我们像朋友一样相处,最后连分手也是有话直说。

示弱要给心疼自己的人才有用。小 A 说她很羡慕那些可以对着喜欢的人随便撒娇的女孩子。像她那么要强的人连分手,也只能被动地说:"好。"

其实就是在说我自己,有一次我生病了,还要写稿子,我说好累。他告诉我 Hold 住,坚持。有一次出版社找我谈出版,我说我害怕,签了以后压力更大了。万一写不出来怎么办,万一没人买怎办,到时候破产了会饿死的。他说加油。他公司年会那天忙得没空回我信息,我凌晨2点发朋友圈说"想他"。那是我第一次在他面前示弱,第二天他酒醒后只是点了个赞。

圣诞节前两天,我们结束了这段关系。有人说真正喜欢你的是不会让你等太久的,他舍不得。相反,他若真的喜欢你,又怎么会不懂得心疼你。留不住的东西就不要再留,不心疼你的人,从心里挖出来也别再奢求。

爱是懂你的低头不语,小心翼翼守护你的孩子气。

和老王分开后,我遇到了现在的Sunshine先生。他会在我累到摊在地上起不来的时候和我说:"亲亲能起来吗?"在我说很累却又不敢倒下的时候告诉我,有他在,我身后不再是空无一人。在我说写不动稿子的时候跟我说,等过段时间他赚了钱,我就可以想写就写,不写他养我。

《摆渡人》里陈末说:"真正适合的人不是一个伤人的冰块,而且一杯温暖的热茶。"和相敬如宾的老王比起来,我更庆幸能遇到Sunshine先生,是他让我拔掉身上的刺,丢掉千斤重的皇冠,是他让我相信,我还可以做一个因为吃不到糖而嚎啕大哭的小女孩。一生中喜欢你的人有很多,但懂得心疼你的只有一个。

不管你曾经被伤害得有多深,总会有一个人的出现,让你原谅之前生活对你所有的刁难,总会有人熬夜陪你,下雨接你,说我爱你。好的总是压箱底。

"他一定会来,你要等。"

我们都可以变很好,只是时间不凑巧

> 总有一天会变好的,
> 但今天不是那一天。

经常有人问我:"到底还要多久才可以忘记?"

当有人说时间能治愈一切时,我立马想捅说这些话的人几刀,看看时间如何将他们治好,说新欢可以替代旧爱。

付诸东流的感情给过他,便无法移交他人。起初我像行尸走肉一般,除了会走、会动,几乎感觉不到一丝生机。朋友都劝,一切都会过去的,熬过去就好。有些经历他们没有感同身受,说起来才云淡风轻。总有一天会忘记的,但今天不是那一天。

颖儿是我认识的为数不多的软妹之一,是那种男生一看到就想保护的小可爱。哪怕是这样楚楚可怜的姑娘,都遇到了心狠的渣男。当初她还和渣男一起帮我搬过家,转眼间就只剩她一人。后来我眼睁睁看着她堕落,夜夜笙歌,一天比一天浪荡不羁,却无能为力,我知道一切都是徒劳。

对于沉浸在悲伤中的人，巴掌比鸡汤好使。最终我还是给了她一记脆响的耳光，她哭着问："你能不能告诉我，怎么才可以忘掉？"

"他都已经把你丢弃了，你又何必活在以前念念不忘。"

无论谁离开了你，别忘了，你原本就是一个人。

你要学着长大，一个人抵过千军万马。

只有单枪匹马闯过那些只能一个人过的关，才会有人来陪我们走余下要走的路。可能生活太甜了，所以你总爱自讨苦吃。你念旧，你还在之前受过的伤中久久不能释怀，原因只有一个，那就是你现在过得不好。

"想来想去，还是努力赚钱最靠谱。不然失恋的时候，只能买两瓶啤酒一袋鸭爪坐在路边嗷嗷儿地哭。努力工作挣钱的话，就能躺在幽美的山中温泉里敷上面膜止住眼泪。"

我和闺蜜调侃说，要是能在山上泡温泉的话，敷完面膜我就顺带撸个妆跑去撩汉子了，哪还有前任什么事。

后来才慢慢明白，我不是舍不得他，只是舍不得那段感情里的自己。我把最好的自己给了他，失去他的同时也迷失了方向，丢了自己。当时也想随便找个新欢，找根"救命稻草"，还好及时醒悟。也许对于我们来说，接纳才是真正的"救命稻草"。接纳一个人的出现，接纳一个人的再也不见。

没有在一起的人就是不对的人，对的人是不会离开的。你要做一个不动声色的大人，他离开了就是离开了，生活还是要继续好好过。

不准情绪化,不准偷偷想念,更不准回头看,没什么放不下。不就是几瓶酒几根烟几个难熬的夜晚,你要相信:

"就算这世界荒芜,总有一个人会是你的信徒。"

世界这么大,总有人过着你梦寐以求的生活

*最怕你一生碌碌无为,
还安慰自己平凡可贵。*

和 Viki 去万象逛街,从奢侈品店走出来的时候,她说:"好羡慕那些眼睛都不眨,只要自己喜欢便随意刷卡买单的女生。早晚有一天,我也要活成她们的样子。"

Viki 在一家广告公司上班,在杭州这个物价仅次于北上广深的城市,银行卡的余额已负担不起自己的野心,而她却还在整天期待着天上掉金子。

不是所有人都是含着金汤匙出生的,他们表面风光,背后付出多少努力,不是你我能看到的。光芒万丈的背后,都是不为人知的心酸还有义无反顾的付出。人活着不能太随意,没有动力怎么往前走。

身边一男性朋友,年近三十却一事无成,每逢聚会便各种酸那些过着奢侈生活的有钱人,自己还整天烂醉在各大夜场酒吧。

没钱的时候就立誓要好好奋斗,拼命赚钱。热血劲儿过不了三天,又看到他继续夜夜笙歌。认识他两年,看着他换了无数个职业。三百六十行,行行出状元的话,他就是那种落榜以后还怪题目太难的穷酸秀才。

《欢乐颂》里的安迪,时常被同层合租的那三个姑娘羡慕奢侈的生活,却不知身为孤儿的安迪,独自在异国他乡打拼奋斗。就连身为富二代的曲妖精,都在为自己的事业使尽浑身招数。

最怕你一生碌碌无为,还安慰自己平凡可贵。只有暗自非常努力,才能人前轻松如意。

他们看到你中午才起,不知道你天亮才睡。

我羡慕那些每天为自己梦想而奋力前行的人。拍《余罪》之前的张一山吃过很多苦,身上被勒出红印,吃道具红辣椒,还在片场昏倒。再次爆红的他,接受采访时说:"我也不知道哪块云彩有雨。"

肯德基创始人哈伦德·山德士,一生坎坷。他在61岁参选议员落选后开始创业,88岁终获成功,得以让品牌遍布全球。人的一生中可以有1009次失败,但他说只要有一次成功就够了。

世界从来不怕大器晚成,怕的是一生平庸。人生就是一场未知的冒险,没有人会事先知道结局。

别把性格交给星座,别把努力交给鸡汤,别把好运交给锦鲤。世上有太多比你有钱、比你出众、还比你拼命的人,所以请你脚踏实地,仰望星空。

"这世上最宝贵的不是财富,而是变优秀的能力。"

你凭什么不努力,又什么都想要

想有人带你骑马喝酒走四方,
但你总得要会骑马吧。

别不承认,你们肯定都有过这样的幻想——嫁给偶像剧里那些拥有男主光环,才华与相貌并重,又高又帅,八块腹肌,有型又多金,关键是对你还专一的霸道总裁。

他不要你温柔可爱前凸后翘性感迷人倾国倾城,但仍然愿意把你宠得像孩子一样。在他的眼里你就是西施,他不要你博学多才成熟稳重琴棋书画八国语言样样精通,就连你说不清 ABCD 的模样他都会觉得可爱至极。

不过别怪我泼冷水,这故事的结局还有一句话:"他什么都不要,也不要你。"

谁都想有人对自己一见倾心,情有独钟,然后红妆白头,至死不渝。这个人最好有钱有颜有情有义有才有品……总而言之是超配顶级版男神没错了。

我不否认一见钟情的爱情，但前提是你得有能吸引他的点吧。

小说里相貌平平、学识平平、家境平平，什么都平平的女主，能引来男主、男二、男三等优质男头破血流的追逐。

但你要搞清楚，生活不是小说，你也不是女主，就别继续做玛丽苏的春秋大梦了吧。

想有人带你骑马喝酒走四方，但你总得要会骑马吧。

Cindy经常说的一句话就是：“岁月漫长，你心地善良，总会有人陪你骑马喝酒走四方。”

的确，超美超浪漫的呢。

每次看到谁谁谁找了个特有钱的男朋友，哪个网红嫁了个富二代，她就会各种怨天尤人，说对方瞎。后来她钓到一个符合她对爱情所有期许的富家子弟，当她满心欢喜地等他捧着玫瑰前来时，最后却收到了他和别人的请柬。

最后Cindy和我吐槽，说自己哪里不如那个满脸胶原蛋白的整容脸，况且对方即使靠后期整容也没自己好看，她怎么就输了呢？

之前一个看起来就很有钱，富不知道多少代的朋友和我说，他理想型的结婚对象即使不是门当户对，有钱有势，也要优雅大气，独立自主，端庄稳重，有自己对未来的追求，这样才不担心她是冲家世背景和金钱而来的。

嫁给爱情是说起来多简单的一件事，但是现如今想住童话里的城堡，拥有童话里的爱情是要很多钱的。

知乎上有条回复让我印象特别深:

有一个姑娘进入了一个大型公司,老总又帅又有型,她暗恋这个老总,于是动不动就故意不小心撒个水在老板衣服上,要不就是送错文件什么的,然后无辜少女状跟老板道歉,成功引起了老板的注意。

后来啊,这个姑娘就被开除了。

所以姑娘们,讲真的,灰姑娘套路在现实生活中真不好使。虽说爱情不分高低贵贱,但爱情也讲究势均力敌,我听过很多网红靠整容傍上富二代平步青云的故事,但是归根结底,那些女生自身条件也不差。

你若惊不起他一丝涟漪,他又怎能为你翻山越岭?

谁都想找到自己的 Mr Right,但他的选择那么多,谁给你的勇气认为他就会瞎了眼看上平平无奇的你呢,梁静茹吗?

你凭什么不努力,又什么都想要。

我从来都觉得爱情应该仰望,或者俯视。我崇拜你像个英雄,你宠爱我像个孩子,前提首先是那个他不是智障吧。

最好的爱情,是势均力敌。

这几年,大女主剧越来越盛行。某骨、某乔、某姬轮番上场,我们从新鲜到厌倦,却又仍旧忍不住看看她们的故事走向。

因为我们都明白,只有自己足够好,才能在遇到他的时候自信微笑,正中他的心。嫁给爱情的前提是双方各方面都不相上下。

在这其中,我唯一认可的大女主剧,还是孙娘娘的《那年花开月正圆》。抛开五个男人都爱她的狗血戏码，单看周莹本人，的确当得上"大女主"一词。她虽出身微寒，但聪明，好学，肯吃苦，再加上本性善良，从江湖骗子做到了陕西首富，不是没有道理的。

对于五个男人都爱她的人设，我想也并不是全凭编剧一支笔。换成现在，一个盘靓条顺又会赚钱的女人，会有多少人趋之若鹜呢？就五个吗？一定不止。

因为她够好，所以沈星移对她爱得矢志不渝，此生非卿不娶。反过来，如果不是沈星移后期一改纨绔习气，认真经商做人，周莹也不会逐渐对他生出好感。所以势均力敌这事，是相互的。有人说最惨的，并不是莫名其妙地被人给领上了一条迷路，而是当你背上孤独拿上剑，决定要马不停蹄、一意孤行的时候，突然冒出一个人，把你抱紧说："我想和你分享这漫长的一生。"你一激动，把剑给扔了，把马烤了。一回头，人没了。

你可以为他洗手做羹汤，也别忘了自己提枪上马的本事。你可以在他怀里撒娇痴缠，也要记得一个人拧得开瓶盖的力量。你们可以一起骑马喝酒，也要能自己走四方。

他有马，你就负责提供草料。

他有酒，你就做几个下酒菜。

他是很优秀，而你也不差。

最好的爱情是我可以自食其力买 LV、Hermes，你也能撑起碧海蓝天。我们肩并着肩手牵着手，潇潇洒洒在这滚滚红尘里浪迹天涯。

比起许我江山如画，我更愿意和他携手共看世界浩大。比起被两百万的支票扫地出门,我更想证明,我足以与之相配。

虽然我们都向往有个能终生包容自己不完美的爱人,但你要知道,每个人都是自私的,在这个骑驴找马的年代,更可怕的是你有百分之五十的机会被比你优秀的人代替。

在遇到对的人前,先让自己成为对的人。

希望我们不是彼此的附属品,而是彼此的必需品。

想有人带你骑马喝酒走四方,但你总得要会骑马吧。

比起心动的,我更想遇到心安的

遇到你之前,
我以为手机的电量才是我的安全感。

"你对未来的另一半有什么要求?"

"没什么别的要求,能让我安心就够了。"

生活在一个速食爱情的年代,我们很容易心动。

因为帅,因为漂亮,长得好看,身材惹火,第一眼就心动了,却很难遇到一个让自己心安的人,可以放心大胆地向前走,不用时刻担心一回头对方就消失不见。

银行卡的余额能撑起梦想,满格的电量,冰箱里塞满的食物,外出时的充电宝,一个盗不走的陪伴。

缺乏安全感是世界上最普遍的"妇科病"。

因为没有安全感,所以总喜欢穿有口袋的衣服,出门时手机一定要充满电。

恋爱时纵使知道自己无理，但还是三天一折腾来证明自己的存在感。

可儿告诉我，她要结婚了。

可儿和我一样是个敏感的小巨蟹，没安全感指数五颗星，十二星座排名第一。一直不相信爱情，不相信会有人能给予十足安全感的她说，遇到了那个可以让她心安的人，是秋裤扎进袜子里的踏实感，就像放风筝，线捏在缺乏安全感的人手里。

心安是深信线不会断，他不会走。对的人是心安的理由，慰籍的港口，不再孤单的源头。

有一种爱叫"我就想叫叫你的名字"，听到你的回应，就很心安。

和Sunshine先生在一起后，虽然有时候知道他在忙，但还是会去捣乱。打电话的时候会一直叫他名字。

"你是智障吗，我不是在吗？"

"我知道你在啊，就是想叫叫你。"

"我一直在。"

虽然不在一个城市，虽然我不能陪在他身边，虽然工作忙信息不能秒回，虽然不能像《鬼怪》里那样吹灭蜡烛就可以召唤到身边，但那句"我在"是这世上最美的情话。

我们这一生会遇到很多第一眼就喜欢上的人，却很难遇到让自己安心停靠的港湾。

这个世界纷纷扰扰，却不影响有人闪着光出现在你的人生中。在你迷茫无助的时候,只要想到那个人就觉得心安。时间会告诉我们,简单的喜欢最长久,平凡的陪伴最心安,懂你的人最温暖。

"他不会走,会一直在。"

你忙归忙，什么时候有空娶我

> 想陪你的人永远顺路，
> 真爱你的人永远不忙。

林宥嘉在微博中写道："就是今天了，我要把你定下來。"

没过多久，他傻傻地发出与丁文琪相拥的照片写道："她说：好。"

没有奢华的求婚现场，没有轰动的仪式，也没有太多的甜言蜜语。林宥嘉像唱歌一样简单地叙述着他与丁文琪的爱情。

所有花在你身上的时间都不是浪费，无论是等你还是和你在一起。

范冰冰那么忙都有时间谈恋爱，Angelababy那么多通告都有时间结婚。你连回个信息的时间都没有，我想你应该是竞选国家总统去了。

一个人在你身上花费的时间和在乎你的程度，是成正比的。

刚和前任在一起时，他和大多数男人一样"随叫随到"，曾开车送我到两三百公里外的机场,也为了接我,翘班在车站等了三个多小时。只要我说饿,立马去买我想吃的东西,半小时内准时送到。

白色情人节的那天,我和他大吵一架,然后发朋友圈说:"心情不好,想吃蛋糕。"5 点下班的他,5 点半便打电话给我。我下楼,一眼就看到了蛋糕和他手里的玫瑰花。

我们都是手机一有动静就马上看,离开手机仿佛活不下去的人。从刚在一起时的消息秒回,到最后信息已读不回,电话静音不接。有一次下午我看电视看到睡着,手机忘记充电,他立马丢下工作就跑回家,对着床上的我发火,质问我为什么不回信息、电话还关机。

喜欢是,再忙都很闲;不喜欢是,再闲都说忙。别人敷衍你时,只是把时间留给了更重要的人。

我不止一次收到过这样的留言:

"他是不是不喜欢我?有空玩手机、玩游戏,为什么不回信息?"

"开始追我时,半夜不睡都在和我说话,现在还没到 10 点就说要睡觉。"

"每当我满心欢喜计划着下次的见面场景时,得到的永远是'我很忙'的回应。"

"我认为在他身上花费的时间都是美好,而他却认为花在我身上的时间都是浪费。"

喜欢你的人,不管多忙都有时间。不喜欢你的人,连发呆都是在忙。你觉得他不喜欢你,那他一定比你想象的更不喜欢你。

黄晓明那么忙都有空给 Angelababy 过生日,林宥嘉通告那么多都有时间给丁文琪送红豆汤。

你忙归忙,可不可以留些时间来享受属于我们的甜蜜时光。

"你忙归忙,什么时候抽个空,娶我一下?"

女人单身，是因为越来越不好骗

> 狗和狗见面不是亲就是舔，
> 人和人见面不是骗就是演。

一个人单身的原因可以有很多，矮的不要，胖的不要，性格差的不要，小气的更不要。很多男人会问怎么才算是符合条件？其实大多女生并没有那么多条条框框，只要能感受到对方一颗真心就足够了，但往往现实却偏偏是一个又一个防不胜防的套路和陷阱。

同一个坑摔倒过一两次的是笨，连续摔很多次的是智障。

Lucy是我身边的黄金剩女，本身条件并不差，至今单身的原因，就是不好骗。长相甜美的她身边追求者自然是源源不断的，就是她太龟毛了，总能从别人身上挑出一堆我们无力反驳的毛病。我之前调侃她说："我记得约你吃饭那个全身名牌的富二代看起来挺不错，你俩后续如何了？"Lucy白了我一眼说："小朋友，你还是太年轻了啊。他年纪轻轻就全身名牌，一看就是不思上进的富二代。追我无非是把我当成上床的目标，等上完以后就拍拍屁股走人。"

现在的 Lucy 在外人眼里是足智多谋，情场高手的老司机。可她也曾是在爱情里懵懂无知的小女孩，一谈恋爱就毫无保留地付出自己的全部，无条件地相信自己的另一半。即便她付出了所有，到头来还是被对方完美套路，存了几年的积蓄和宝贵的初夜都被骗走了。那天晚上以后，她仿佛变成了另一个人，懵懂无知这词在她身上已经不适用了。

女孩子的眼泪就是脑子里进的水，水流尽了就不好骗了。我想不到 Lucy 那天晚上流了多少眼泪，以至于现在她对所有追求者都拒之千里之外。

女生单身的原因，无非就是因为不好骗。

前段时间，我有个朋友一直在追那个她喜欢了很久的男生。皇天不负有心人，最近他们终于在一起了。

可朋友看起来好像并没有那么开心，聊天时，她苦笑着说起那些憋了很久的话："和他在一起之前就该明白，他就是那样的人，一辈子也改不了。可我能怎么办？我喜欢他，就只能接受他那些莺莺燕燕永远断不干净的关系。

"我从不翻他的手机，从不在他说在忙的时候给他打电话，也从来不主动要求他带我去参加他的任何聚会。有一次他朋友生日带我一起去唱歌，当时有个男人特别戏谑地看了我一眼，问他我是谁，他喝了杯酒，最终也没有解释和我的关系。"

我实在听不下去，便打断她的话，怼了她几句："你是傻吗？你明知道他只是玩你，那你还赖在他身边干啥？"她无奈地摇了摇头："我喜欢他，我也不傻，只是没办法控制自己的感情而已。"

都说恋爱中的女孩子智商为零，其实女孩子的智商没变低。当你对她的感情变淡或只是利用她时，她还心甘情愿地跟你在一起，并不是她不知道，只是因为她爱你。"

"其实男人都很聪明，他们耍得起小手段，玩得起小套路。女生也不傻，她们能看破手段、套路以及无论多高明的谎言。可即使她们早就看穿一切，却仍然可以视若无睹。"

感情就是一场博弈，我只是心甘情愿输给你。

其实我心里比谁都透彻，感情这种事也许就是当局者清的。每个女生在爱情中，都有独特的敏感和出奇的智商。别以为那些没说出口的话，是因为她们看不穿你的谎言。不过是因为爱你，所以很多时候都选择了装聋作哑。你若真正爱过一个人，也会明白这其中的伪装。装傻不是因为真傻，而是因为真爱。你连骗都骗不了我，还让我怎么跟你谈恋爱。毫不走心按部就班地复制粘贴，百度百科搜到的撩妹技巧，千言万语说尽情话，就是想上床。

我听过身边很多男生抱怨说现在女人太难追了，什么套路都知道。一张嘴就知道要说什么情话，一准备礼物都能猜到口红的品牌。

有一次姐妹聚会时，有人问Lucy："难道这么多追你的男人中一个看顺眼的都没有吗？还是你要求太高了？"

Lucy耸了耸肩，笑着摇了摇头说道："现在男人追女生越来越不用脑子了,害得我想上当都没办法。以前年纪小一点的时候,觉得男孩子只要说几句情话就是喜欢自己,送一点廉价可爱的小礼物就满心欢喜得不行。可现在说的话越多反而越觉得没什么安全感,送的礼物越是贵重越显得好像在做等价交换。

"真怀念那个自己特别好骗的年纪,觉得满世界都是真爱。"

现在很多女生一直单身,不是因为身边的男孩子不够优秀,不是因为追她的男生达不到她想要的条件,而是现在男人的套路真的太多了,真不真心或者怀有什么目的,很多女生一眼就能看出来。一个连骗都骗不了你的人,怎么和他恋爱呢?

为什么现在单身的人越来越多了?因为现在的女生越来越不好骗了。仔细想一想,其实好像就是这个道理。

因为见过了太多的套路,她一眼就能识破你的小伎俩。听过了太多撩人的话,慢慢地就能识别出哪些是真心哪些是假意。该配合你演出的我,有尽力在表演,可真的没办法假装相信你的虚情假意。

都说自古深情留不住,总是套路得人心。可见过的套路越来越多,你说谎的样子就一点都不迷人了。没有人会一直在相同的地方跌倒,也没有人会一直蒙住双眼去期待爱情。大多数的人都是一朝被蛇咬,十年怕井绳。

只要被骗过一次,就会变得特别敏感谨慎。深情虽然难遇,可套路也不能受用终身。该配合你演出的我尽力在表演,其实我根本就不是一个有表演天赋的人。只是因为深爱的人刚好是你,才没有拆穿你拙劣的演技,选择陪着你演完这出感情的戏。

现在的我越来越不好追,不是我乐意单身,只是那些拙劣的表演,再也骗不了我。

"女生之所以单身,是因为越来越不好骗。"

不想恋爱,他们都照顾不好我

很多人都对我说要照顾好自己,
却从来没有人说以后有我照顾你。

和闺蜜们有个小微信群,方便我们互黑、扯犊子、扒八卦、撩汉子。最近有个闺蜜把追求他的男人拉进了群,可能看了我之前的文章有意无意地说了句她不会照顾自己,让我告诉那个男人该如何照顾她。于是我把自己理想男朋友的一套准则搬了出来。

我告诉他:"懂她的欲言又止,懂她的口是心非,懂她的言外之意,拆穿她冰冷的面具,握住她想触碰又收回的手,心疼她的无助,在乎她的感受,惯着她的小性子,疼她、宠她,让她衣食无忧,像个废物。"

其实不止是我,或是我闺蜜,其实每个女生都希望遇到这样的良人,可现实一而再地把自己从幻想中拉回。

"活了几十年,从来没有人给过我一次意外感动或惊喜,也没有人在我生日的时候给过我特别的礼物，生病的时候得到的只是一些不在身边的语言安慰。也不见谁真正地照顾过自己，甚至有的时候自己蒙头睡一觉就好了。"

因为深知自己万丈深渊的背后，没有后盾。后来一枪一箭，都学会了自己扛。

拧不开瓶盖的时候拽几张手纸包住接着拧；失眠的夜里就把手机里的音乐打开循环播放；出门吃饭没带现金就问人家可不可以微信或者支付宝。

没人站在你身边拿走你打不开的饮料帮你打开；没人在你睡不着的时候陪你聊天哄你睡觉；没人在你忘记带现金的时候递给你他的钱包。

饿了不会撒娇卖萌只知道自己叫外卖；迷路不会打电话示弱只会打开手机看地图；喜欢不会主动，无聊到憋出病也不会先开口找谁；难过不会表现出来，只说没事然后转身偷偷躲起来哭。

闺蜜身边不缺条件不错的男人，但都被她一一拒绝。不是她要求过高、条件苛刻，她说他们哪里都好，就是感觉不对。她需要一种被真真切切感受到自己被照顾着，保护起来的感觉。

她说："我能步行千里，承受各种委屈，能咬牙吃一百种苦，可以比自己想象中更坚强，也比自己想象中更害怕失望。"

这也是很多男人不明白为什么问对方需不需要帮助，却被拒绝的原因。

速食爱情的年代，比起嘘寒问暖，往往更需要的是被人照顾和保护的感觉。

肚子饿了想吃什么我去买；东西坏了放着别动我下班回来修；生病了乖乖在床上躺着我马上回来；累就把肩膀给你靠，想哭就给你擦眼泪。

乖，别怕，有我在呢。

因为他 get 不到你的点，看不穿冰冷面具下你想触碰却又收回的手。因为缺乏安全感，所以你本能地疏远了许多试图给你温暖的人。

后来你浪了很多年，也认真谈过恋爱。他们会说喜欢你甚至爱你，却没有人真正理解你、懂你。

无聊打发时间，心事就散在酒里，喝酒就胃疼，却没有人把酒拿走换成温水。你总是喜欢熬夜，熬到眼红，但还是每天熬夜。你把朋友看得很重，但你似乎好像没有什么朋友。你会一个人听着歌，想着自己做的事，没有人陪，也没有早安。

会哭的孩子有奶吃，会闹的女孩有人疼。你嘴硬你逞强，活该你所有的眼泪自己擦。

"将来若有人愿意保护你，就剪掉身上的刺吧。"

你一定会遇到那个厮守一生的人

> 那些兜兜转转的曲折，
> 都只是为了最后做铺垫。

和小秋一起喝下午茶时，她问我："你说，我的那个他到底什么时候才能来啊？"

小秋和前任分手三年了。这三年她喜欢过很多人，也有很多人喜欢她，但都是你不用对我负责，我也不会对你用心的那种。

厌倦在感情里"见招拆招"的小秋，对着我叹了一口气："我的盖世英雄啊，你什么时候驾着七彩云霞来娶我？我等啊等，盼啊盼，我好怕我哪句话说的不对你就不来了。

"你能不能快点来啊，我头发都已经及腰了。我不喜欢等，因为这个期限永远都是未知数。"

和小秋一样，我们无时无刻都在寻找，等待那个可以一起度过余生的人。

"不过只是吃够了生活的苦，不过只是想在晚上回家的时候有个肩膀可以依靠，在委屈的时候有个拥抱。"

漂泊的小船需要停靠的港湾，流浪在街头上的野猫也想有个温暖的窝。

在后台看过一条留言："地球上有两万人适合我，但这辈子我一个都遇不到。"

不等了，等不到了。该来的总会来，在对的时间，和对的人。等细水长流的年轮，等花开花落的人生，等未来给我一个吻。我总会遇到，姗姗来迟的你。

后来我回复小秋：

"前阵子我一直在丢耳机、丢发卡、丢发圈。找不到的时候就特别着急，甚至把家里都翻了个底朝天，还是没有找到。满头大汗的我躺在沙发上说了一句：'不找了，找不到了。'可在后来的某一天，在不起眼的角落，我找到了当初费尽力气寻找的东西。"

爱情就像一场重感冒。你不知道它什么时候降临，甚至不知道什么时候发作。在夜半惊醒的深夜，在大梦初醒的清晨，在落霞与孤鹜齐飞的黄昏。该来的它总会来的。

你知道吗，其实很多零食在刚生产的时候，根本不知道自己该是什么味道。他们慢慢地试啊，试啊，冰棍儿化成了糖水，饼干饿成了薯片。直到有一天，乐事找到了黄瓜，百醇找到了抹茶，小浣熊找到了香辣蟹。

你一定会在茫茫人海里，遇到那个与你厮守一生的人。